Herausgegeben von
Manfred Füllsack, Michael Tillmann und Thomas Weber

Alexis de Tocqueville

Das Elend der Armut

Über den Pauperismus

aus dem Französischen von Michael Tillmann

mit einem Nachwort von Manfred Füllsack

AVINUS
Verlag

Die Deutsche Bibliothek – CIP Einheitsaufnahme

Tocqueville, Alexis de: Das Elend der Armut.Über den Pauperismus / Alexis de Tocqueville. Übers. von Michael Tillmann.
Mit einem Nachwort von Manfred Füllsack.
Herausgegeben von Manfred Füllsack, Michael Tillmann und Thomas Weber. – Berlin : Avinus Verlag 2007

ISBN-10: 3-930064-75-8
ISBN-13: 978-3-930064-75-5

Umschlagsgestaltung, Satz und Layout: Christoph Hermann
Bildquellennachweis: Bibliothèque Nationale, Paris

Herstellung: Books on Demand GmbH, Norderstedt

Schönholzer Str. 2
13187 Berlin
www.avinus.de

ISBN 978-3-930064-75-5

Inhalt

Alexis de Tocqueville

Über den Pauperismus

Erste Denkschrift (1835)

Das allmähliche Fortschreiten der Massenarmut in den modernen Staaten

Teil 1

Wenn man die verschiedenen Gegenden Europas bereist, sticht einem ein sehr ungewöhnliches und scheinbar unerklärliches Phänomen ins Auge.

Gerade in den allem Anschein nach ärmsten Ländern leben in Wahrheit die wenigsten Armen. Bei jenen Völkern hingegen, die wegen ihrer Reichtümer bewundert werden, ist ein Teil der Bevölkerung zum Überleben auf die Unterstützung Dritter angewiesen.

Bei der Fahrt über das englische Land könnte man sich geradezu in den Garten Eden der modernen Zivilisation versetzt fühlen. Prächtig instand gehaltene Straßen, fette Herden auf saftigen Weiden, kerngesunde, kräftige Landwirte, Reichtümer, wie sie glanzvoller in keinem anderen Land der Erde anzutreffen sind; noch der einfache Wohlstand ist hier geschmackvoller und gesuchter als anderswo; alles wirkt gepflegt, behaglich, ruhevoll; es herrscht eine Atmosphäre allgemeinen Wohlstandes, den man noch in der Luft selbst zu atmen vermeint und der einem das Herz bei jedem Schritt höher schlagen läßt: So erscheint England dem Reisenden auf den ersten Blick.

Stößt man sodann aber in das Landesinnere der Gemeinden vor und nimmt die Gemeinderegister in Augenschein, dann entdeckt man mit großem Erstaunen, daß ein Sechstel der Einwohner dieses blühenden Königreiches auf Kosten staatlicher Fürsorge lebt.

Verlegt man die Szenerie dieser Beobachtungen nach Spanien, vor allem aber auch nach Portugal, so bietet sich den Blicken ein ganz anderes Schauspiel dar. Hier stößt man auf Schritt und Tritt auf eine unterernährte, ärmlich gekleidete, ungebildete und grobschlächtige Bevölkerung, die inmitten von unbebauten Landschaften und in ärmlichen Behausungen ihr Leben fristet. Die Zahl der Notleidenden dagegen ist in Portugal gering. Nach Schätzungen de Villeneuves[1] kommt in diesem Land ein Armer auf fünfundzwanzig

1 Alban de Villeneuve-Bargemont, *Économie politique chrétienne ou Recherches sur*

Einwohner. Der berühmte Geograph Balbi[2] hatte das Verhältnis zuvor auf einen Mittellosen gegenüber neunundneunzig Einwohnern beziffert.

Anstatt Vergleiche anzustellen zwischen Ländern, die nichts miteinander gemein haben, ist es aber auch möglich, die verschiedenen Teile eines einzigen Reiches miteinander in Bezug zu setzen. Dabei kommt man zu einem ganz ähnlichen Ergebnis: Man stellt fest, daß auf der einen Seite die Zahl der in Wohlstand lebenden Einwohner und auf der anderen Seite die Zahl derer, die zum Überleben auf öffentliche Unterstützungsleistungen angewiesen sind, proportional zueinander steigen.

Der Durchschnittswert der Bedürftigen in Frankreich beläuft sich den Berechnungen eines sehr gewissenhaften Autors zufolge[3] – dessen Theorien sonst aber keineswegs immer zuzustimmen ist – auf einen Armen auf fünfundzwanzig Einwohner. Dabei lassen sich allerdings zwischen den verschiedenen Gebieten des Königreiches immense Unterschiede feststellen. Im Departement *Nord*, bei dem es sich nun ganz gewiß um das reichste, bevölkerungsstärkste und in allen Belangen fortschrittlichste Departement handelt, sind für etwa ein Sechstel der Bevölkerung Fürsorgemaßnahmen erforderlich. In dem Departement *Creuse*, dem ärmsten und am wenigsten industrialisierten all unserer Departements, stößt man unter achtundfünfzig Einwohnern auf nur einen Armen. Dieser Statistik zufolge ist in dem Departement *Manche* jeder 26. Einwohner mittellos.

Ich denke, daß eine logische Erklärung dieses Phänomens durchaus möglich ist. Die soeben erwähnten Erscheinungen sind eine Folge mehrerer Ursachen, deren erschöpfende Behandlung zuviel

la nature et les causes du paupérisme en France et en Europe et sur les moyens de le soulager et de le prévenir, Paris, 1834 (Anmerkung des Übersetzers).

2 Es handelt sich um den italienischen Geographen Adriano Balbi. Eine Reihe seiner Schriften lag auch auf Französisch vor. Die von Tocqueville genannten Zahlen konnten die Herausgeber der Pauperismus-Studie bei Gallimard in den Veröffentlichungen Balbis allerdings nicht nachweisen (Anmerkung des Übersetzers).

3 De Villeneuve (Anmerkung von Tocqueville).

Zeit in Anspruch nehmen würde, die sich aber zumindest skizzieren lassen.

Zum besseren Verständnis meiner Argumentation ist es wohl erforderlich, für einen Augenblick bis zum Ursprung der menschlichen Gesellschaften zurückzukehren. Sodann will ich zügig den Fortgang der Menschheit bis in unsere Tage abschreiten.

Da sind sie, die Menschen, wie sie sich zum ersten Mal versammeln. Sie verlassen die Wälder, sie sind noch Wilde; sie vereinigen sich nicht mit dem Ziel eines angenehmeren Lebens, sondern schlicht um ihr *Über*leben zu sichern. Ein Schutz gegen die Unbilden der Jahreszeiten, hinreichend Nahrung: Darin besteht das alleinige Ziel all ihrer Anstrengungen. Ihr Denken geht nicht über dieses Gut hinaus. Und wenn sie dies erst ohne Mühe erlangt haben, sind sie zufrieden und schlafen in dumpfem Wohlbefinden ein. Ich habe inmitten barbarischer Völkerschaften Nordamerikas gelebt; während ich Mitleid mit ihrem Schicksal hatte, empfanden sie selbst dagegen nichts von seiner Grausamkeit. Der Indianer, wie er von Rauch umfangen in seiner Hütte liegt, wie er mit groben Kleidungsstücken bedeckt – seiner Hände Arbeit oder dem Fang seiner Jagd – umhergeht, blickt voller Verachtung auf unsere Kulturerzeugnisse und betrachtet den Erfindungsreichtum unserer Zivilisation als ein unsinniges und beschämendes Sklaventum. Allein um unsere Waffen beneidet er uns.

Als die Menschen in dieses frühe Gesellschaftsstadium eintreten, begehren sie nicht viel, sie empfinden kaum etwas anderes als tierähnliche Bedürfnisse. Nur haben sie im gesellschaftlichen Verbund die Möglichkeit entdeckt, wie diese mit geringerem Aufwand befriedigt werden können. Ehe sich der Ackerbau langsam verbreitet, leben sie von der Jagd. Sobald sie aber gelernt haben, wie dem Boden eine Ernte abzutrotzen ist, werden sie zu Bauern. Das Ackerland, über das sie verfügen, liefert ihnen nun ausreichend Nahrung für sich und ihre Kinder. So ist der Grundbesitz entstanden und mit ihm das treibende Moment des Fortschritts.

Nachdem die Menschen von der Erde Besitz ergriffen haben, werden sie seßhaft. Durch die Bestellung des Bodens verfügen sie über hinreichend Ressourcen gegen den Hunger. Da ihr Überleben also gesichert ist, erahnen sie allmählich, daß die menschliche Existenz noch andere Quellen der Freude zu bieten hat als die Befriedigung der primären und vordringlichsten Bedürfnisse des Überlebens.

Solange die Menschen Nomaden und Jäger gewesen waren, hatten sich unter ihnen Ungleichheiten dauerhaft nicht breitmachen können. Es gab keinerlei äußeres Anzeichen, das die Überlegenheit eines Mannes einem anderen Mann gegenüber oder auch einer Familie vor einer anderen Familie begründet hätte. Und selbst wenn es so ein Zeichen gegeben hätte, hätte es nicht an die Nachkommen weitergegeben werden können. Aber von dem Augenblick an, als der Grundbesitz Verbreitung fand und die Menschen riesige Wälder in fruchtbare Felder und saftige Weiden verwandelten, von eben diesem Moment an traf man auf einzelne Männer, die viel mehr Land in ihren Händen vereinigten, als es zu ihrer Ernährung nötig gewesen wäre, und die diesen Besitz in den Händen ihrer Nachkommenschaft verewigten. Dadurch entstand der Überfluß und mit dem Überfluß bildete sich auch der Sinn für andere Annehmlichkeiten als die ausschließliche Befriedigung der gemeinsten physischen Naturbedürfnisse.

Der Ursprung fast aller Aristokratien muß genau in diesem Stadium der Gesellschaftsentwicklung angesiedelt werden.

Während einige wenige Menschen bereits wissen, wie sich im Gefolge von Reichtum und Macht beinahe alle geistigen und materiellen Annehmlichkeiten, die das Leben bietet, in den Händen einer Minderheit konzentrieren lassen, ahnt die noch halb verwilderte Masse nichts von dem Geheimnis, wie Wohlstand und Freiheit allen zugute kommen können. Zu diesem Zeitpunkt der Menschheitsgeschichte haben die Menschen zwar bereits die gemeinsten und stolzesten Tugenden abgelegt, die ihnen einst in den Wäldern erwachsen waren. Diese Vorzüge der Barbarei sind ihnen abhanden gekommen, ohne daß sie allerdings schon das besäßen, was die Zivilisation ihnen zu bieten im Stande ist. Sie bleiben dem Ackerbau als ihrer einzigen Einkommensquelle treu und wissen nicht, wie sie die Früchte ihrer Arbeit verteidigen können. Zwischen der wilden

Ungebundenheit, die ihnen nichts mehr bedeutet, und der bürgerlichen und politischen Freiheit, die sie noch nicht begreifen, sind sie der Gewalt und Hinterlist hilflos ausgeliefert und erdulden bereitwillig jede Form von Unterdrückung, solange man sie nur in der Nähe ihrer Äcker leben oder besser: vor sich hin vegetieren läßt.

In dieser Phase hat sich der Grundbesitz übermäßig konzentriert und die Macht in wenigen Händen verdichtet. Kriege gefährden den Privatbesitz eines jeden Bürgers, noch nicht aber das politische Gemeinwesen der Völker, wie es heutzutage der Fall ist. Auch erreicht die Ungleichheit einen Höhepunkt und ein Eroberungsgeist macht sich breit, der für alle lang währenden Aristokratien stets die Grundlage gewesen war.

Die Barbaren, die im späten 4. Jahrhundert in das Römische Imperium einfielen, waren Wilde, die erkannt hatten, was der Grundbesitz an Nützlichem bietet und die sich dessen Vorteile exklusiv aneignen wollten. Die meisten der römischen Provinzen, die von ihnen angegriffen wurden, waren von Männern bevölkert, die seit langem an den Ackerbau gebunden, deren Sitten und Gebräuche aber durch das friedliche Arbeiten auf den Feldern verweichlicht waren und bei denen die Zivilisation noch nicht hinreichend fortgeschritten war, um sie in die Lage zu versetzen, dem primitiven Ungestüm ihrer Feinde standzuhalten. Mit dem Sieg gelangten die Barbaren nicht nur in den Besitz der Macht, sondern auch in den Besitz des Eigentums Dritter. So wurde der Bauer vom Grundbesitzer zum Pächter. Die Ungleichheit schlug sich auch in den Gesetzen nieder. Sie erlangte Gesetzeskraft, nachdem sie bereits faktisch geherrscht hatte. Die Feudalgesellschaft bildete sich heraus, und das Mittelalter brach heran. Wenn man aufmerksam betrachtet, was seit Anbeginn der Gemeinschaften in der Welt geschieht, so erkennt man ohne große Mühe, daß Gleichheit nur am Anfangs- und am Endpunkt der Kulturentwicklung steht. Die Wilden sind untereinander gleich, weil sie alle gleichermaßen schwach und unwissend sind. Die Kulturmenschen können einander gleich werden, weil ihnen allen ähnliche Möglichkeiten zur Verfügung stehen, Wohlstand und Glück zu erreichen. Zwischen diesen beiden Extremen stößt man auf die Ungleichheit der Lebensbedingungen, auf Reichtum, Wissen und Macht einiger sowie auf Armut, Unkenntnis und Schwäche aller anderen.

Kluge und gebildete Autoren haben sich bereits um eine bessere Kenntnis des Mittelalters verdient gemacht. Andere tun dies noch heute. Zu diesen darf auch der Sekretär der Akademiegesellschaft von Cherbourg gerechnet werden. Ich überlasse diese schwere Aufgabe also lieber Männern, die ihr leichter gerecht werden können als ich. Ich will hier nur kurz einen Moment des riesigen Gemäldes näher in Augenschein nehmen, das die Epoche der Feudalzeit vor uns ausbreitet.

Im 12. Jahrhundert gab es im Grunde noch gar nicht, was unterdessen als Dritter Stand bezeichnet wurde. Die Bevölkerung zerfiel lediglich in zwei Kategorien: auf der einen Seite diejenigen, die den Boden bestellten, ohne ihn zu besitzen, und auf der anderen Seite diejenigen, die den Boden besaßen, ohne ihn zu bestellen.

Was die erstgenannte Bevölkerungsklasse betrifft, so war ihr Schicksal vermutlich in mancherlei Hinsicht weniger bedauernswert als das der einfachen Menschen von heute. Diejenigen, die ihr angehörten, befanden sich allerdings in einer ganz ähnlichen Situation wie die Sklaven in unseren Kolonien, auch wenn sie mehr Freiheit, Erhabenheit und Sittlichkeit besaßen. Ihre Überlebensfähigkeit war fast immer gesichert. In diesem Punkt stimmte das Interesse des Grundherrn mit ihrem eigenen überein. Ihre Wünsche waren ebenso begrenzt wie ihre Macht, sie litten nicht an der Gegenwart und blickten ohne Sorge in eine Zukunft, über die sie nicht verfügen konnten, und so empfanden sie jene Art tumben Glücks, das der Kulturmensch nur mit Mühe begreifen, das er aber auch nur schlecht in Abrede stellen kann.

In der zweiten Klasse bot sich ein ganz anderes Schauspiel. Dort herrschte neben einem ererbten Müßiggang ein immenser, gewohnheitsmäßig angestammter und gesicherter Überfluß. Ich glaube allerdings keineswegs, daß das Streben nach den Annehmlichkeiten des Lebens in dieser privilegierten Klasse so weit getrieben wurde, wie man es gemeinhin annimmt. In einer noch halb barbarischen

Nation kann es ganz ohne Zweifel Luxus geben, nicht aber Wohlstand. Eine bevölkerungsreiche Klasse, deren Mitglieder alle damit beschäftigt sind, das Leben angenehmer und sanfter zu gestalten, ist nämlich geradezu eine Voraussetzung für Wohlstand. In der in Rede stehenden Zeit war die Zahl derer, welche die Sorge um das Überleben nicht voll und ganz in Anspruch nahm, allerdings sehr gering. Ihr Leben war zwar pracht- und glanzvoll, nicht aber bequem. Man aß mit seinen Fingern aus Silber- oder ziselierten Stahltellern. Die Gewänder waren mit Hermelin und Gold bestickt, Unterwäsche dagegen unbekannt. Man wohnte in Palästen, deren Wände feucht waren, und man saß auf kostbar geschnitzten Stühlen an einem hell leuchtenden Feuer, wo ganze Bäume vor sich hin brannten, ohne aber um sich herum Wärme zu spenden. Ich bin überzeugt, daß es heute keine Provinzstadt gibt, in der die wohlhabenden Einwohner in ihren Häusern nicht über mehr echte Bequemlichkeiten des Lebens verfügen und die unzähligen Bedürfnisse, die sich aus der Zivilisation ergeben, nicht mit größerer Leichtigkeit befriedigen können als der stolzeste Baron im Mittelalter.

Wenn wir nun also die Jahrhunderte des Feudalalters aufmerksam untersuchen, dann erkennen wir, daß die Mehrheit der Bevölkerung in einer fast vollständigen Bedürfnislosigkeit lebte und der Rest nur wenige Bedürfnisse hatte. Die Erde sorgte sozusagen für alle. Nirgendwo gab es Wohlstand, überall aber war das Überleben gesichert.

Es war notwendig, von diesem Punkt auszugehen, damit das, was ich im folgenden sagen möchte, besser verständlich wird.

Mit der Zeit entwickelt die Agrarbevölkerung neue Vorlieben. Die Befriedigung der niedrigsten Bedürfnisse ist ihr nicht länger genug. Der Bauer möchte ein schöneres Heim und eine größere Sicherheit, ohne aber deswegen seine Felder zu verlassen. Er hat von den Behaglichkeiten des Wohlstands gekostet und möchte sie sich aneignen. Auf der anderen Seite weitet die Klasse, die von der Erde lebt, ohne diese jedoch zu bestellen, den Umfang ihrer Annehmlichkeiten aus. Ihre Vergnügungen sind nun weniger prachtvoll, dafür aber komplizierter und vielfältiger. Unzählige Bedürfnisse, von denen die Adeligen des Mittelalters nichts geahnt hatten, reizen ihre Nachkommen. Viele Menschen, die zuvor auf und von dem Ackerland lebten, verlassen nun die Felder und finden Mittel und Wege, ihre Existenz zu sichern, indem sie für die Befriedigung der neu entstehenden Bedürfnisse arbeiten. Der Ackerbau, vormals die Beschäftigung aller, ist nur mehr die Beschäftigung einer Mehrheit. Neben denjenigen, die – ohne zu arbeiten – von den Erzeugnissen des Bodens leben, tritt also eine bevölkerungsstarke Klasse, die von ihrer Hände Arbeit lebt, aber keinen Ackerbau betreibt.

Zunehmend entzieht sich die Menschheit dem Griff des Schöpfers. Jahrhundert für Jahrhundert entwickelt sich der menschliche Geist weiter, weitet sich der Kreis des Denkens, werden die Wünsche größer und die Macht des Menschen stärker. Der Arme und der Reiche können sich – jeder in seiner Lebenssphäre – neue Annehmlichkeiten vorstellen, von denen ihre Vorgänger noch nichts ahnten. Um diese neu entstandenen Bedürfnisse zu befriedigen, für die der Ackerbau nicht ausreichen kann, gibt jedes Jahr ein Teil der Bevölkerung die Landarbeit auf, um sich der Industriearbeit zu widmen.

Betrachtet man aufmerksam, was seit mehreren Jahrhunderten in Europa vor sich geht, so wächst die Überzeugung, daß sich mit fortschreitender Zivilisation auch eine größere Bevölkerungsumschichtung vollzogen hat. Die Männer ließen den Pflug und griffen nach Webstuhl und Hammer. Aus ihren Hütten traten sie in Manufakturen. Dabei gehorchten sie den unabänderlichen Gesetzen, die das Wachstum organisierter Gesellschaften bestimmen. Diese Entwicklung ist somit genauso wenig aufzuhalten, wie sich dem menschlichen Perfektionismus Grenzen setzen lassen. Beider Grenzen kennt Gott allein.

Was waren und sind nun aber die Folgen der graduellen und unaufhaltsamen Entwicklung, die wir gerade beschrieben haben?

Zahllose neue Güter haben Eingang gefunden in die Welt. Die Klasse, die dem Ackerbau treu geblieben war, kam in den Genuß einer ganzen Reihe von Bequemlichkeiten, die noch hundert Jahre zuvor undenkbar gewesen wären. Das Leben eines Bauern war nun weniger entbehrungsreich und bequemer, das Leben eines Großgrundbesitzers bot mehr Abwechslung und mehr Annehmlichkeiten. Wohlstand war für eine Mehrheit erreichbar. Doch hatte diese glückliche Wendung ihren Preis.

Wie bereits erwähnt, herrschte im Mittelalter nirgendwo Wohlstand, während das Überleben stets gesichert war. Damit ist auch schon das Kommende vorweggenommen. Als die Bevölkerung noch fast in ihrer Gesamtheit vom Ackerbau lebte, gab es krasse Armut und herrschten grobe Sitten, die dringlichsten Bedürfnisse des Menschen waren aber gestillt. Es geschieht nur selten, daß die Erde demjenigen, der sie mit seinem Schweiße düngt, nicht wenigstens das Notwendigste liefert, um den Schrei des Hungers zum Verstummen zu bringen. Die Bevölkerung lebte somit zwar in Armut, aber sie überlebte. Heute mag sie vielleicht vom Glück gesegneter sein, doch stößt man immer wieder auf eine Minderheit, die so bedürftig ist, daß sie ohne Hilfe Dritter sterben würde.

Daß es dazu kommen konnte, ist unschwer nachzuvollziehen. Der Bauer produziert lebensnotwendige Nahrungsmittel. Deren Verkauf kann zwar mehr oder weniger günstig ausfallen, gleichwohl ist er einigermaßen gesichert. Wenn nun aus irgendeinem Grunde der Absatz der Erzeugnisse des Bodens ins Stocken gerät, so sichern diese Erzeugnisse doch das Überleben desjenigen, der sie geerntet hat und dem es so möglich wird, kommende bessere Zeiten abzuwarten.

Der Arbeiter hingegen spekuliert auf künstliche und sekundäre Bedürfnisse, die aus unzähligen Gründen eingeschränkt werden, ja die bei folgenschweren Ereignissen sogar ganz ausbleiben können. Unabhängig von dem Unglück der Zeiten, unabhängig von der Höhe der Nahrungsmittelpreise braucht jeder Mensch eine gewisse Menge lebensnotwendiger Erzeugnisse, ohne die er dahinsiecht und schließlich stirbt, und man kann stets davon ausgehen, daß er außerordentliche Opfer auf sich zu nehmen bereit ist, um sie sich zu besorgen. Unglückliche Umstände aber können eine Bevölkerung dazu veranlassen, auf manche Annehmlichkeiten zu verzichten, denen sie sich zu anderen Zeiten ohne weiteres hingegeben hatte. Nun ist es aber gerade die Vorliebe für eben diese Annehmlichkeiten und deren Inanspruchnahme, auf die der Arbeiter seine Existenz gründet. Wenn diese ihm abhanden kommen, bleibt ihm keinerlei Einkommensquelle mehr. *Seine* Ernte ist dann nämlich verbrannt, *seine* Felder sind unfruchtbar geworden, und solch ein Zustand muß nur eine Zeit lang andauern, damit ihm nur mehr die schreckliche Aussicht auf Armut und Tod bleibt.

Und dabei bin ich nur auf den Fall zu sprechen gekommen, daß die Bevölkerung ihre Bedürfnisse einschränken könnte. Viele andere Ursachen können allerdings denselben Effekt zur Folge haben: Eine Überschußproduktion im Inland, die Konkurrenz aus dem Ausland usw.

Die industrielle Klasse, die dem Wohlstand der Anderen so dienlich ist, ist also stärker als diese abrupten und nicht beeinflußbaren Schicksalsschlägen ausgesetzt. In der großen Manufaktur der menschlichen Gesellschaften hat diese industrielle Klasse ganz offensichtlich von Gott die besondere und gefährliche Bestimmung erhalten, auf eigenes Risiko für das materielle Glück aller Anderen zu sorgen. Durch die natürliche und unaufhaltsame Entwicklung der Zivilisation steigt tendenziell die Zahl ihrer Mitglieder im Vergleich stetig an. Jahr für Jahr entstehen immer mehr und immer unterschiedlichere Bedürfnisse, und mit ihnen wächst auch die Zahl der Individuen, die hoffen, dadurch, daß sie für die Befriedigung eben dieser neuen Bedürfnisse arbeiten, zu einem größeren Wohlstand zu gelangen, als wenn sie in der Landwirtschaft beschäftigt geblieben wären: Für die Staatsmänner von heute ist dies ein großes Thema, über das es nachzudenken gilt!

Genau darin muß auch der Hauptgrund dafür gesehen werden, daß in den reichen Gesellschaften Wohlstand und Armut in größerem Ausmaß anzutreffen sind als anderswo. Die Industrieklasse, die für die Annehmlichkeiten der Mehrheit arbeitet, ist selbst von Notlagen bedroht, die nahezu unbekannt wären, wenn es diese Klasse gar nicht gäbe.

Daneben tragen allerdings auch noch andere Ursachen zu einer allmählichen Zunahme der Massenarmut bei.

Der Mensch wird mit Bedürfnissen geboren, andere schafft er sich selbst. Jene haben mit seiner körperlichen Verfasstheit zu tun, diese mit Gewohnheit und Erziehung. Wie bereits gesehen, hatten die Menschen zu Anfang der Gesellschaftsbildung fast nur natürliche Bedürfnisse, weil sie nur zu überleben trachteten. In dem Maße aber, wie die Annehmlichkeiten des Lebens zunehmend Verbreitung fanden, sind ihnen manche davon zur Gewohnheit und fast so unabdingbar geworden wie das Leben selbst. Man denke nur an den Tabakkonsum. Der Tabak ist ein Luxusobjekt, das bis in die Wüsten vorgedrungen ist und noch bei den Wilden ein künstliches Bedürfnis geweckt hat, das es um jeden Preis zu befriedigen gilt. Tabak ist für die Indianer fast genauso unersetzlich wie Nahrung. Egal was ihnen nun fehlt, die Versuchung ist gleichermaßen groß, die Mildtätigkeit ihrer Stammesangehörigen in Anspruch zu nehmen. Damit herrscht dort also eine Ursache des Bettelns, die ihren Vätern unbekannt war. Was über den Tabak gesagt wurde, gilt auch für eine Vielzahl von Objekten, auf die man im Kulturleben nicht verzichten möchte. Je reicher, arbeitsamer, wohlhabender eine Gesellschaft ist, desto vielfältiger und dauerhafter sind die Genüsse einer Mehrheit der Menschen. Und je vielfältiger und dauerhafter diese sind, desto ähnlicher werden sie durch Gebrauch und Nachahmung tatsächlichen Bedürfnissen. Der Kulturmensch ist somit also ungleich stärker den Wechselfällen des Schicksals ausgeliefert als der Wilde. Was diesem nur von Zeit zu Zeit und unter bestimmten Bedingungen widerfährt, kann jenem unablässig und unter ganz gewöhnlichen Umständen widerfahren. Mit dem Kreis seiner Freuden hat er auch den Kreis seiner Bedürfnisse erweitert, und damit ist er anfälliger geworden für Schicksalsschläge. Daher rührt auch, daß der Bedürftige in England dem Armen in Frankreich und dieser wiederum dem Notleidenden in Spanien fast reich erscheint. Was dem Engländer fehlt, hat der Franzose niemals besessen. Und so verhält es sich, je tiefer man auf der sozialen Leiter hinabsteigt. Bei den Hochkulturvölkern ist das Fehlen einer Vielzahl von Dingen der Grund für Armut. Bei den Wilden bedeutet Armut, daß man sich nicht ernähren kann.

Der Zivilisationsfortschritt konfrontiert die Menschen nicht nur mit vielen neuen Notlagen. Er veranlaßt die Gesellschaft auch, Nöte zu mildern, die man in einem nur halb zivilisierten Staat kaum wahrnehmen würde. Wer dächte in einem Land, in dem die meisten Menschen in unzumutbaren Wohnverhältnissen leben, nur unzureichend bekleidet und unterernährt sind, auch nur daran, den Armen saubere Kleidung, gesunde Nahrung und eine bequeme Unterkunft zu geben? Bei den Engländern, wo man mehrheitlich über eben diese Güter verfügt und wo man es als ein schreckliches Unglück ansieht, diese nicht zu besitzen, glaubt die Gesellschaft, jenen zu Hilfe eilen zu müssen, die davon ausgeschlossen sind. Damit heilt sie Mißstände, die anderswo nicht einmal als solche wahrgenommen würden.

In England sind die Annehmlichkeiten, auf die ein Mensch in seinem Leben hoffen darf, im Durchschnitt höher als in jedem anderen Land der Welt. Dies begünstigt in beträchtlichem Maße eine Ausbreitung des Pauperismus in diesem Land.

Sollten alle diese Überlegungen richtig sein, dann ist leicht einzusehen, daß die Zahl derer, die staatliche Fürsorge in Anspruch nehmen, umso höher sein muß, je reicher die Nationen sind, da hier zwei mächtige Ursachen ihre Wirkung entfalten: In diesen Nationen wächst nämlich jene Klasse beständig an, die am stärksten von der Bedürfnisbefriedigung abhängt; und zudem werden diese Bedürfnisse selbst immer zahlreicher und vielfältiger. Somit steigt von Tag zu Tag die Wahrscheinlichkeit, in Abhängigkeit des einen oder anderen Bedürfnisses zu geraten.

Wir dürfen uns also nicht gefährlichen Trugbildern hingeben; betrachten wir mit ruhigem und gelassenem Blick die Zukunft unserer modernen Gesellschaften. Wir dürfen uns nicht von dem Anblick ihrer Größe beeindrucken oder angesichts ihrer Nöte entmutigen lassen. In dem Maße, wie die jetzige Entwicklung der Zivilisation voranschreitet, wird auch der Komfort des größten Teils der Bevölkerung zunehmen. Die Gesellschaft wird sich vervollkommnen, und sie wird gebildeter werden. Das Leben wird in Zukunft einfacher, angenehmer, bequemer und länger sein. Andererseits aber müssen wir darauf gefaßt sein, daß die Zahl derer ständig anwachsen wird, die auf die Unterstützung ihrer Mitmenschen angewiesen sein werden, um auch nur in den Genuß eines geringen Teils dieser Güter zu kommen. Diese doppelte Bewegungsrichtung kann zwar verlangsamt werden; die besonderen Bedingungen, die jedem Land eigen sind, werden deren Entwicklung beschleunigen oder unterbrechen. Niemandem ist es aber gegeben, sie aufzuhalten. Deswegen müssen wir schnellstens nach Mitteln und Wegen suchen, wie diese Mißstände, die leicht vorherzusehen sind, abgemildert werden können.

Teil 2

Es gibt zwei Formen von Wohltätigkeit: Die eine veranlaßt jeden einzelnen Menschen dazu, die Mißstände in seinem Umfeld nach seinen Möglichkeiten zu mildern. Diese Form der Wohltätigkeit ist so alt wie die Menschheit selbst. Sie hat mit den menschlichen Nöten ihren Ausgang genommen, und das Christentum hat daraus eine göttliche Tugend gemacht, die man Nächstenliebe nennt.

Die andere Form, die weniger spontan, dafür aber vernunftgeleiteter ist, weniger enthusiastisch, dafür aber oftmals wirksamer, veranlaßt die Gesellschaft selbst, sich des Unglücks ihrer Mitglieder anzunehmen und systematisch darauf zu achten, daß deren Leid gelindert wird. Diese Form ist aus dem Protestantismus entstanden und hat sich nur in den modernen Gesellschaften entwickelt.

Die eine ist eine Privattugend, die sich dem gesellschaftlichen Tätigkeitsbereich entzieht. Die andere wird dagegen gerade von der Gesellschaft hervorgebracht und geregelt. Es soll hier vor allem von letzterer die Rede sein.

Auf den ersten Blick gibt es keinen Gedanken, der schöner und größer wäre als die Idee einer staatlichen Armenhilfe.

Eine Gesellschaft, die sich unablässig selbst begutachtet, Tag für Tag nach ihren Verwundungen Ausschau hält und sich um ihre Heilung bemüht, eine Gesellschaft, die sowohl den Reichen den Genuß ihrer Güter gewährleistet als auch die Armen vor einem Übermaß an Not bewahrt, verlangt von den einen einen Teil ihres Überflusses, um den anderen das Nötigste zu gewähren. Es liegt fraglos etwas Großes in dieser Vorstellung, angesichts deren sich der Geist erhebt und die Seele gar nicht anders kann, als gerührt zu sein.

Warum nur muß die Erfahrung einen Teil dieser schönen Illusionen zerstören?

Das einzige Land in Europa, das die Theorien der öffentlichen Armenhilfe in großem Stil systematisiert und angewendet hat, ist England.

Als Heinrich VIII. mit der katholischen Kirche brach, veränderte sich England von Grund auf. Fast alle mildtätigen Gemeinschaften wurden aufgelöst. Weil nun aber der Besitz dieser Gemeinschaften den Adeligen zugefallen und keineswegs unter dem Volk verteilt wurde, hatte dies zur Folge, daß bei einer gleichbleibenden Zahl von Armen die Möglichkeiten, für ihr Überleben zu sorgen, teilweise zerstört worden waren. Damit wuchs also die Zahl der Armen stark an, und Elisabeth, Tochter von Heinrich VIII., die von dem abstoßenden Anblick der notleidenden Bevölkerung berührt wurde, dachte daran, die Almosen, die durch die Klosterauflösungen stark eingeschränkt worden waren, durch eine von den Gemeinden auszubezahlende jährliche Unterstützung zu ersetzen.

In einem Gesetz[4], das im 43. Regierungsjahr der Herrscherin verkündet wurde, hieß es, daß in jeder Gemeinde Armeninspektoren ernannt werden sollten und daß diese Inspektoren das Recht hätten, die Einwohner mit dem Ziel zu besteuern, den arbeitsunfähigen Armen Nahrung und den anderen Arbeit zu geben. Im Laufe der Zeit wurde England mehr und mehr dazu verleitet, das Prinzip einer gesetzlichen Armenhilfe anzunehmen. Die Massenarmut wuchs nämlich in Großbritannien schneller als anderswo, was auf allgemeine wie auch landesspezifische Ursachen zurückzuführen ist. Was das Kulturleben betrifft, so sind die Engländer zügiger als andere Nationen vorangeschritten. Alle Überlegungen, die ich weiter oben ausgeführt habe, lassen sich somit im Besonderen auf sie übertragen. Andere wiederum haben ausschließlich mit England zu tun.

Die englische Industriearbeiterschaft sorgt nicht allein für das Wohlbefinden und die Annehmlichkeiten des englischen Volkes,

4 Vgl. 1. Blackstone, Buch 1, Kap. IV; 2. Die Hauptergebnisse der Armenuntersuchung aus dem Jahre 1833 finden sich in einem Buch mit dem Titel: *Extracts from the information received by His Majesty's commissioners as to the administration and operation of the Poor-laws;* 3. *The report of the Poor-laws commissioners*; 4. Und schließlich auch das Gesetz aus dem Jahre 1834, das das Endergebnis all dieser Arbeiten darstellt (Anmerkung von Tocqueville).

sondern darüber hinaus auch für das Wohlbefinden eines großen Teils der Menschheit. Ihr Wohlergehen oder ihre Not hängen damit also nicht allein von den Ereignissen in Großbritannien ab, sondern in gewisser Hinsicht auch davon, was auf der ganzen Welt geschieht. Wenn ein Bewohner Indiens seine Ausgaben kürzt und seinen Verbrauch reduziert, dann leidet ein englischer Hersteller. England ist damit also jenes Land auf Erden, in dem es den Bauern einerseits am stärksten zur Industriearbeit zieht, in dem dieser andererseits aber auch von den Unwägbarkeiten des Schicksals am stärksten betroffen ist.

Seit einem Jahrhundert vollzieht sich in England etwas, was im Vergleich zu den Beobachtungen in der übrigen Welt sehr ungewöhnlich erscheint. Seit einhundert Jahren wird der Grundbesitz in den uns bekannten Ländern stetig geteilt; in England konzentriert er sich dagegen unablässig. Ländereien mittlerer Größe gehen in riesigen Besitztümern auf, Kleinackerbau wird durch eine großflächige Bewirtschaftung abgelöst. Es ließen sich diesbezüglich Erklärungen anführen, die nicht ohne Interesse wären, die andererseits aber nur von dem gestellten Thema ablenken würden: Das Faktum allein soll mir genügen, es steht fest. Daraus folgt, daß der Bauer, wenn er in seinem eigenen Interesse die Pflugarbeit aufgibt und in eine Manufaktur eintritt, dazu gewissermaßen gegen seinen Willen durch die Konzentration des Grundbesitzes genötigt wird. Zur Bewirtschaftung eines großen Besitzes werden nämlich im Verhältnis deutlich weniger Arbeiter benötigt als für ein kleineres Feld. Der Bauer hat kein Land, und die Industrie braucht ihn. Diese doppelte Entwicklung ist entscheidend. Von fünfundzwanzig Millionen Einwohnern, die Großbritannien bevölkern, sind nur mehr neun Millionen mit der Bestellung des Bodens beschäftigt. Vierzehn Millionen oder fast zwei Drittel von ihnen folgen den gefährlichen Wechselfällen von Handel und Industrie.[5] Die Massenarmut mußte in England somit schneller anwachsen als in Ländern, deren Zivilisationsstand dem der Engländer entsprochen hätte. Da Eng-

5 In Frankreich stellt die Industrieklasse erst ein Viertel der Bevölkerung (Anmerkung von Tocqueville).

land nun einmal das Prinzip der gesetzlichen Armenhilfe eingeführt hatte, konnte es sich jetzt nicht mehr davon lösen, und so stellt die englische Armengesetzgebung der letzten zweihundert Jahre lediglich eine lange Fortentwicklung der Gesetze dar, die unter Elisabeth verabschiedet wurden. Nahezu zweieinhalb Jahrhunderte sind vergangen, seitdem der Grundsatz der gesetzlichen Armenhilfe bei unseren Nachbarn eingeführt wurde, und es lassen sich jetzt die unglückseligen Folgen ermessen, die aus der Einführung dieses Prinzips entstanden sind. Wir wollen sie nacheinander in Augenschein nehmen.

Da der Arme einen absoluten Anspruch auf gesellschaftliche Unterstützung hatte und überall staatliche Einrichtungen vorfand, die dazu da waren, ihm diese bereitzustellen, kam es in dem protestantischen Land zu eben jenem allgemeinen Mißbrauch, der in einigen katholischen Ländern von den Reformbewegungen angeprangert worden war. Der Mensch hat wie alle Lebewesen eine natürliche Neigung zur Faulheit. Aber es gibt andererseits auch zwei Gründe, die ihn zur Arbeit veranlassen: das Überleben und die Verbesserung der Lebensbedingungen. Die Erfahrung lehrt, daß die meisten Menschen nur durch den ersten dieser beiden Antriebe hinreichend zur Arbeit angehalten werden können und daß der zweite nur auf eine Minderheit eine Wirkung ausübt. Eine Armenfürsorge, die ohne Unterschied allen Bedürftigen offensteht, oder ein Gesetz, das allen Armen – unabhängig davon, was der Grund für ihre Armut ist – ein Recht auf staatliche Unterstützung zugesteht, schwächt oder zerstört nun aber den ersten Anreiz und läßt nur den zweiten unberührt. Dem englischen oder spanischen Bauern, wenn er nicht gerade den brennenden Wunsch verspürt, seine Stellung, in die er hineingeboren wurde, zu verlassen und aus seinem Stand herauszutreten – ein unsicherer und bei den meisten Menschen frommer Wunsch –, ist die Arbeit gleichgültig. Und selbst wenn er arbeitet, so hat er doch keinerlei Sinn für das Haushalten. So bleibt er also untätig oder verschwendet gedankenlos den kostbaren Lohn seiner Anstrengungen. In beiden Ländern gelangt man durch verschiedene Ursachen zu demselben Ergebnis, daß nämlich der großzügigere, der aktivere, der fleißigere Teil der Nation Hilfeleistungen bietet, damit diejenigen, die nichts haben oder ihre Arbeit falsch einsetzen, sich ernähren können.

Das hat nun allerdings nur noch wenig zu tun mit der schönen und verlockenden Theorie, die ich weiter oben ausgeführt habe. Ist es aber möglich, diesen schädlichen Folgen eines guten Prinzips zu entgehen? Ich für meinen Teil will offen eingestehen, daß ich sie für unvermeidlich halte.

An dieser Stelle mag mir nun der Einwand entgegengehalten werden, daß ich davon ausgehe, daß jedem Notleidenden – unabhängig davon, was seine Not bewirkt haben mag – geholfen wird und daß den Armen durch öffentliche Fürsorgeleistungen die Verpflichtung zur Arbeit genommen werde. Damit werde aber als Tatsache gesetzt, was doch fraglich sei: Was hindert die Gesellschaft denn daran, den Gründen für die Bedürftigkeit nachzuspüren, bevor sie Hilfe gewährt. Warum sollte sie den arbeitsfähigen Armen, wenn er an die Barmherzigkeit Dritter appelliert, nicht zur Arbeit verpflichten? Darauf läßt sich antworten, daß in den englischen Gesetzen solche vorbeugende Maßnahmen durchaus im Kern angelegt, daß diese Gesetze aus leicht nachvollziehbaren Gründen nichtsdestotrotz gescheitert sind.

Nichts läßt sich so schwer bestimmen wie die feine Unterscheidung zwischen einem unverdienten und einem durch eine lasterhafte Lebensführung hervorgerufenen Unglück. Wieviel Not ist nicht zugleich eine Folge beider Ursachen! Welch tiefe Kenntnis des Charakters eines jeden Menschen und seiner Lebensumstände ist für ein Urteil darüber Voraussetzung! Wieviele Kenntnisse, was für ein sicheres Unterscheidungsvermögen, was für eine kühle und grausame Verstandesgabe! Wo ist denn der Beamte, der die Gewissenhaftigkeit, die Zeit, das Talent und die Mittel zu einer solchen Untersuchung besäße? Wer ließe einen Armen sterben, nur weil dieser für seinen Tod selbst verantwortlich ist? Wer könnte seine Schreie ertragen und dabei auf seine Fehler verweisen? Angesichts der Not unserer Mitmenschen verstummt selbst das persönliche Interesse. Sollte das Interesse der Staatskasse etwa stärker sein? Und selbst wenn die Seele des Armenaufsehers diesen selbst in der Verirrung noch ergreifenden Gefühlen verschlossen bliebe, würde sie sich auch von der Angst nicht erweichen lassen? Wenn er über Freud' oder Leid, Leben oder Tod eines beträchtlichen Teils seiner Mitmenschen, des zügellosesten, ungestümsten und grobschlächtigsten Teils, zu befinden hat, wird er dann nicht vor dem Gebrauch dieser fürchterlichen Macht zurückschrecken? Und sollte es tatsächlich einen solch furchtlosen Menschen geben, wie viele mögen es wohl sein? Ein solches Amt kann nur in einem eng begrenzten Gebiet ausgeübt werden, weswegen viele Bürger damit beauftragt werden müssen. In England mußten in jeder Gemeinde Armenaufseher ernannt werden. Was ist die logische Folge all dessen? Armut mag zwar festgestellt werden, die Gründe für die Armut bleiben jedoch im Ungewissen: Das eine ergibt sich aus einem offensichtlichen Tatbestand, das andere wird durch eine gedankliche Herleitung bewiesen, die stets bestritten werden kann. Da die Hilfeleistungen der Gesellschaft nur sehr indirekt schaden können, während deren Verweigerung den Armen und dem Aufseher selbst dagegen sofortiges Leid bereitet, dürfte außer Frage stehen, welche Entscheidung von Amts wegen getroffen wird. Auch wenn in den Gesetzen erklärt wurde, daß nur der unschuldigen Armut Unterstützung zu gewähren sei: In der Praxis wird jede Not unterstützt. Hinsichtlich des zweiten Einwands will ich ähnlich, ebenfalls auf die Erfahrung gestützt argumentieren.

Gemeinhin wird verlangt, daß an die Almosen eine Arbeitsleistung geknüpft werden solle. Aber fallen denn überhaupt immer öffentliche Arbeiten an? Und sind diese gleichmäßig über das gesamte Staatsgebiet verteilt, so daß niemals der Fall eintritt, daß es in dem einen Distrikt viel Arbeit und wenige zu beschäftigende Personen, in einem anderen dagegen viele Unterstützungsbedürftige, aber nur wenig zu leistende Arbeit gibt? Und auch wenn diese Schwierigkeit zu allen Zeiten auftreten mag, wird sie nicht dann unüberwindlich, wenn die Zahl der Mittellosen – in Folge der schrittweisen Zivilisationsentwicklung, des Bevölkerungswachstums und der Wirkung der Armengesetzgebung selbst – so wie in England ein Sechstel, manche sagen sogar ein Viertel der Gesamtbevölkerung erreicht?

Aber selbst wenn man einmal davon ausgeht, daß stets Arbeiten anfallen: Wer sollte ihre Dringlichkeit feststellen, den Arbeitsverlauf überwachen und die Kosten bestimmen? Außer den Qualitäten eines klugen Beamten müßte der Aufseher auch noch die Begabung, die Tatkraft und die besonderen Kenntnisse eines soliden Unternehmers besitzen. Wozu ihn womöglich nicht einmal egoistische Interessen veranlaßt hätten, dazu würde ihn sein Pflichtgefühl schon bringen: zur Bereitschaft nämlich, den untätigsten und sittenlosesten Teil der Bevölkerung zu produktiven und fortgesetzten Anstrengungen anzuhalten. Sollte man sich aber wirklich darauf verlassen? Kann man vernünftigerweise daran glauben? Die Not des Armen vor Augen, wird der Aufseher wohl eine fiktive Arbeit auferlegen oder gar – wie es in England nahezu üblich ist – einen Lohn auszahlen, ohne eine Arbeitsleistung zu verlangen. Die Gesetze müssen aber für die Menschen gemacht sein und nicht für eine ideale Vollkommenheit, die sich in der menschlichen Natur nun einmal nicht findet, oder für die sie nur sehr selten ein Beispiel liefert.

Jedwede Maßnahme, die die gesetzliche Armenhilfe dauerhaft in einer Verwaltungsstruktur verankert, schafft somit eine untätige und arbeitsscheue Klasse, die auf Kosten der werktätigen Industriebevölkerung lebt. Darin besteht nicht unbedingt das sofortige Ergebnis der Armenhilfe, wohl aber ihre unausweichliche Konsequenz. Sie wiederholt alle Fehler des klösterlichen Systems ohne die erhabenen Vorstellungen von Moral und Religion, die damit nicht selten einhergingen. Solch ein Gesetz ist ein vergifteter Keim, der in die Gesetzgebung gepflanzt wurde. Bestimmte Umstände können – wie z.B. in Amerika – den Keimling an einem schnellen Wachstum hindern, sie können ihn allerdings nicht ersticken, und auch wenn die jetzige Generation sich seinem Einfluß entzieht, so wird er doch den Wohlstand der kommenden Generationen aufzehren.

Wenn man den Zustand jener Völker näher betrachtet, bei denen eine solche Gesetzgebung seit längerem in Kraft ist, erkennt man ohne große Mühe, daß die moralischen Wirkungen nicht weniger bedauernswert sind als die Folgen für den öffentlichen Wohlstand und daß diese Gesetzgebung die Menschen nicht nur ärmer macht, sondern auch noch auf Abwege führt.

Nichts erhebt im allgemeinen den menschlichen Geist mehr und nährt ihn dauerhafter als die Vorstellung von Rechten. Der Rechtsgedanke enthält etwas Großes und Erhabenes, was dem Ansuchen seinen flehentlichen Charakter nimmt und Bittsteller und Bittgewährer auf eine Stufe zueinander stellt. Das Recht des Armen hingegen auf gesellschaftliche Unterstützung birgt die Besonderheit in sich, daß es die Gefühle des Menschen, der dieses Recht in Anspruch nimmt, erniedrigt, anstatt sie zu erhöhen. In den Ländern ohne einen solchen gesetzlichen Anspruch erkennt der Arme, wenn er sich an die individuelle Nächstenliebe wendet, zwar seinen untergeordneten Stand gegenüber seinen Mitmenschen an, aber er tut dies insgeheim und nur vorübergehend. Sobald ein Mittelloser in dem Armenregister seiner Gemeinde eingeschrieben ist, darf er wohl selbstbewußt Unterstützung einfordern. Aber was bedeutet eine Bewilligung dieses Rechts anderes als das offene Eingeständnis seiner Not, Schwäche und Verwahrlosung? Den Menschen werden Rechte gewöhnlich aufgrund einer persönlichen Leistung eingeräumt, die sie gegenüber ihren Mitmenschen auszeichnet. Besagtes Recht dagegen wird aufgrund eines offen eingestandenen geringeren Verdienstes gewährt. Die gewöhnlichen Rechte unterstreichen eine Überlegenheit und schreiben sie fest, das Armenrecht verweist dagegen auf eine Unterlegenheit und läßt sie gesetzlich bestätigen.

Je weitreichender und gesicherter die gewöhnlichen Rechte sind, desto ehrenvoller sind sie auch. Je dauerhafter und *umfassender* das Armenrecht ist, desto degradierender wirkt es.

Der Arme, der im Namen des Gesetzes nach einem Almosen verlangt, ist also in einer noch demütigenderen Lage als der Bedürftige, der im Namen desjenigen, der Arm und Reich ohne Unterschied denselben Gesetzen unterwirft, die Barmherzigkeit seiner Mitmenschen anfleht.

Das ist aber noch nicht alles: Mit dem privaten Almosen entsteht ein wertvolles Band zwischen Reich und Arm. Gerade wegen seiner Wohltat interessiert sich der Reiche für das Schicksal des Menschen, dessen Not er hat lindern wollen. Dieser wiederum, der in der Hilfe, auf die er keinen Anspruch hatte und auf die er vielleicht nicht einmal zu hoffen wagte, Unterstützung fand, fühlt sich in Dankbarkeit verbunden. So entsteht ein moralisches Band zwischen diesen beiden Klassen, an deren Trennung doch eigentlich eine Unzahl von Interessen und Neigungen wirken. Und obwohl sie durch das Schicksal getrennt sind, bringt ihre Bereitschaft sie doch einander näher. Bei der gesetzlichen Armenhilfe ist das keineswegs der Fall. Auch dort handelt es sich um ein Almosen, es ist diesem aber sein tieferer Sinn genommen. Der Reiche, den das Gesetz, ohne ihn vorher zu fragen, eines Teils seines Überflusses beraubt, betrachtet den Armen lediglich als einen gierigen Fremden, der von dem Gesetzgeber zur Aufteilung seines Besitzes angehalten wird. Der Arme empfindet seinerseits keinerlei Dankbarkeit für eine Wohltat, die ihm nicht verweigert werden darf und die ihn andererseits aber auch nicht zufrieden stellen kann. Das staatliche Almosen, welches das Überleben sichert, macht das Leben weder glücklicher noch angenehmer, als es das private Almosen zu tun vermochte. Durch die gesetzliche Armenhilfe wird also keineswegs verhindert, daß es in einer Gesellschaft Reiche und Arme gibt, daß die einen mit haßerfülltem und furchtsamem Blick einhergehen und daß die anderen mit Verzweiflung und Neid an ihr Unglück denken. Anstatt diese beiden rivalisierenden Nationen, die es vom Anbeginn der Welt gab und die man Arm und Reich nennt, zu einem Volk zu vereinen, zerreißt sie das einzige Band, das sich zwischen ihnen hat bilden können. Sie versammelt sie je unter einer Fahne, ermittelt ihre Zahl und stellt sie dann einander in Schlachtordnung gegenüber.

Wie bereits gesagt, besteht also das unausweichliche Resultat der gesetzlichen Armenhilfe darin, die Mehrzahl der Armen in Untätigkeit zu belassen und ihren Müßiggang auf Kosten der arbeitenden Bevölkerung zu fördern.

Wenn aber schon der auf Reichtum gründende, der ererbte und mit Dienstleistungen oder Arbeit erkaufte Müßiggang, jener Müßiggang, der in öffentlichem Ansehen steht, der mit einer intellektuellen Befriedigung einhergeht, der für die Freuden des Geistes einen Sinn hat und durch das Denken geläutert wird, wenn also schon dieser Müßiggang eine Quelle großer Lasterhaftigkeit war, welche Folgen hat dann erst ein entwürdigender, auf Willensschwäche zurückzuführender und der Sittenlosigkeit entsprungener Müßiggang, den man schamhaft genießt und der nur in dem Maße erträglich wird, wie sich die Seele dessen, der ihn erduldet, gänzlich verderben und entwürdigen läßt?

Was ist von einem Menschen zu erwarten, dessen Stellung sich überhaupt nicht bessern läßt, da er die Achtung seiner Mitmenschen verloren hat, welche doch die Voraussetzung für jede Art Fortschritt darstellt, dessen Lage sich aber andererseits auch nicht verschlimmern wird, da er, der auf die Befriedigung seiner dringlichsten Bedürfnisse hinabgesunken ist, sicher sein kann, daß diese stets befriedigt werden? Welcher Einfluß bleibt da noch dem menschlichen Bewußtsein und der menschlichen Tatkraft in einem so von allen Seiten begrenzten Wesen, das ohne Hoffnung und ohne Furcht vor sich hin lebt, weil es die Zukunft nur kennt, wie ein Tier sie kennt, weil es nichts von den Umständen des Schicksals ahnt und weil es sich wie dieses ganz auf die Gegenwart konzentriert und auf das, was diese einer abgestumpften Natur an schändlichen und vergänglichen Genüssen bietet.

Lesen Sie alle Bücher, die in England über die Massenarmut verfaßt worden sind, studieren Sie die von dem britischen Parlament in Auftrag gegebenen Untersuchungen, werfen Sie auch einen Blick auf die Diskussionen, die in dem *House of Lords* und in der Gemeindekammer zu dieser schwierigen Frage geführt worden sind. Sie werden einen einzigen Klageruf erschallen hören: Man bedauert die entwürdigende Lage, in die die unteren Klassen dieses großen Volkes geraten sind! Die Zahl unehelicher Kinder steigt unablässig, die Zahl der Kriminellen wächst rapide an und die mittellose Bevölkerung nimmt übermäßig zu. Ein Sinn für Zukunftsplanung und Haushaltung geht dem Armen zunehmend ab. Während in dem übrigen Teil der Nation Bildung Verbreitung findet, die Sitten und Gebräuche angenehmer werden, die Geschmacksformen sich verfeinern und die Umgangsformen geschliffener werden, tritt er, der Arme, auf der Stelle, ja er entwickelt sich eher noch zurück. Man hat fast den Eindruck, er sei auf dem Weg zurück in die Barbarei; inmitten des Wunderwerks der Zivilisation scheint er sich von seinen Gedanken und Neigungen her wieder dem Wilden anzunähern.

Es läßt sich leicht nachweisen, daß die gesetzliche Armenhilfe auf die Freiheit des Armen einen nicht minder schädlichen Einfluß ausübt als auf seine Sittlichkeit. Wenn man die Gemeinden einer strengen Fürsorgepflicht unterwirft, dann ergibt sich daraus logischerweise, daß sie nur gegenüber ortsansässigen Bedürftigen zu Hilfeleistungen verpflichtet sind. Das ist die einzig gerechte Möglichkeit, die sich aus dem Gesetz ergebende öffentliche Belastung gleichmäßig zu verteilen und den Finanzmitteln derjenigen anzupassen, die sie tragen müssen. Da nun aber die individuelle Nächstenliebe in einem Land mit einem staatlich organisierten Fürsorgewesen nahezu unbekannt ist, ist derjenige, dem es aufgrund eines Unglücksfalls oder aus Lasterhaftigkeit unmöglich ist, selbst für seinen Lebensunterhalt aufzukommen, zwangsläufig dazu verurteilt, seinen Geburtsort nicht zu verlassen, will er nicht zugrunde gehen. Andernfalls bewegt er sich nämlich immer in Feindesland. Im je individuellen Interesse der Gemeinden, das weitaus mächtiger und sehr viel wachsamer ist, als es eine noch so straff organisierte nationale Polizei je sein könnte, wird seine Ankunft angezeigt, werden seine Schritte überwacht, und sollte er sich irgendwo niederlassen wollen, so wird dies der Staatsgewalt mitgeteilt, die ihn an den Ort seiner Abreise zurückführt. Mit ihrer Armengesetzgebung haben die Engländer ein Sechstel ihrer Bevölkerung *immobilisiert*, sie haben diese Menschen an die Erde gefesselt, so wie es im Mittelalter die Bauern gewesen waren. Die Feldarbeit *zwang* den Menschen damals, *gegen seinen Willen* an seinem Geburtsort zu verweilen, die gesetzliche Armenhilfe *verhindert* heute, daß er ihn *verläßt*. Nur diesen einen Unterschied kann ich zwischen beiden Systemen erkennen. Die Engländer sind aber noch weiter gegangen. Aus dem Prinzip staatlicher Fürsorge haben sich noch schädlichere Konsequenzen entwickelt, die sich allerdings, wie ich denke, vermeiden lassen. Die Befürchtung, ein Bedürftiger könne ihnen zur Last fallen und Wohnrecht bei ihnen erlangen, erfüllt die englischen Gemeinden derart, daß, wenn ein Fremder, dessen Äußeres nicht von Wohlhabenheit zeugt, sich vorübergehend bei ihnen niederläßt oder wenn diesen ein unerwarteter Schicksalsschlag trifft, die städtischen Behörden den Fremden eiligst um eine Kaution gegen seine kommende Notlage bitten. Kann er diese nicht aufbringen, muß er weiterziehen.

So hat die gesetzliche Armenhilfe nicht nur die Armen Englands um ihre Bewegungsfreiheit gebracht, sondern darüber hinaus auch all jene, die von Armut bedroht sind.

Dieses traurige Bild läßt sich, glaube ich, nicht besser komplettieren als durch die Wiedergabe der folgenden Beobachtungen, die sich in meinen England-Aufzeichnungen[6] finden.

Im Jahre 1833 reiste ich durch Großbritannien. Andere waren von dem Binnenreichtum des Landes beeindruckt; ich dagegen dachte an die heimlichen Ängste, die offensichtlich all seine Bewohner quälten. Ich hatte den Eindruck, daß sich große Nöte hinter der glänzenden Fassade verbergen mußten, die ganz Europa bewunderte. Dieser Gedanke veranlaßte mich, die Massenarmut, diese schreckliche und riesige Wunde, die in einem vor Kraft und Gesundheit nur so strotzenden Körper klafft, besonders genau in Augenschein zu nehmen.

Ich wohnte damals bei einem Großgrundbesitzer in Südengland. Es war zu der Zeit, als die Friedensrichter zusammentraten, um über die Klagen zu befinden, welche die Armen gegen die Kommunen bzw. die Kommunen gegen die Bedürftigen anstrengen. Mein Gastgeber war Friedensrichter, und ich begleitete ihn regelmäßig ins

6 Gemeint sind die Aufzeichnungen zu Tocquevilles Reisen nach England (*Voyage en Angleterre de 1833*) und Irland (*Voyage en Angleterre et en Irlande de 1835*), die in dem ersten Band der gesammelten Werke bei Gallimard vorliegen: Tocqueville, *Oeuvres*, Bd. I, hg. von André Jardin, Paris, Gallimard, 1991: 415-609 (Anmerkung des Übersetzers).

Gericht. In meinen Reiseaufzeichnungen findet sich folgende Schilderung der ersten Verhandlung, deren Zeuge ich geworden war. Mit wenigen Worten faßt sie das Gesagte zusammen und verleiht ihm Gestalt. Damit die Schilderung nichts von ihrer Wahrhaftigkeit verliert, will ich sie mit äußerster Genauigkeit wiedergeben.

»Als erstes tritt ein alter Mann vor den Friedensrichter. Er hat eine frische, leicht gerötete Gesichtsfarbe. Er trägt eine Perücke und einen prächtigen schwarzen Anzug. Er sieht ganz nach einem Rentier aus. Trotzdem tritt er vor und schimpft wütend gegen die Ungerechtigkeit der Gemeindeverwalter. Er sei arm. Und man habe gerade ungerechterweise seinen Anteil gekürzt, den er aus der öffentlichen Armenhilfe beziehe. Der Fall wird vertagt, um die Gemeindebeamten anzuhören.

Nach diesem rüstigen und lebhaften Alten erscheint eine junge, schwangere Frau, deren Kleidung von einer noch nicht lange zurückliegenden Armut zeugt und deren verwelkte Züge Zeichen des Leids tragen. Sie schildert, wie ihr Mann vor wenigen Tagen zu einer Schiffsreise aufgebrochen sei, daß sie von ihm seitdem weder ein Lebenszeichen noch Unterstützung bekommen habe. Sie bittet um ein öffentliches Almosen. Der Armenverwalter hat allerdings Bedenken, es ihr zu gewähren. Der Schwiegervater dieser Frau ist ein wohlhabender Kaufmann, er wohnt in derselben Stadt, in der auch das Gericht tagt, und so hofft man, er möge sich in Abwesenheit seines Sohnes der Schwiegertochter annehmen. Die Friedensrichter lassen den Mann kommen. Dieser aber weigert sich, die Pflicht zu erfüllen, die ihm zwar die Natur auferlegt, das Gesetz aber nicht vorschreibt. Die Richter lassen nicht locker. Sie versuchen, in der egoistischen Seele des Mannes Gewissensbisse oder Mitleid zu wecken, aber ihre Bemühungen sind vergebens, und so ist die Gemeinde dazu verurteilt, die geforderten Hilfeleistungen zu bezahlen.

Nach dieser armen, verlassenen Frau treten fünf oder sechs großwüchsige, kräftige Männer ein. Sie sind im besten Mannesalter, ihr Gang ist selbstsicher, fast herausfordernd. Sie beklagen sich über ihre Dorfbeamten, die ihnen eine Arbeit oder – in Ermangelung dessen – Unterstützung verweigern.

Die Beamten erwidern, daß sie im Augenblick keinerlei Arbeiten zu verrichten haben. Und was die kostenlosen Hilfeleistungen betreffe, so stünden ihnen diese nicht zu, weil die Antragsteller, wenn sie es nur wollten, ihre Arbeitskraft leicht in den Dienst von Privatpersonen stellen könnten.

Lord X, mit dem ich gekommen war, sagte mir: „Hier sehen Sie in einem engen Rahmen einen Teil der zahlreichen Mißbräuche, die das Armengesetz mit sich bringt. Der Alte, der als erster vorstellig geworden ist, hat sehr wahrscheinlich sein Auskommen, aber er denkt, es sei sein gutes Recht, eine Unterstützung für seinen Wohlstand einzuklagen, und er schämt sich nicht einmal, die staatliche Armenhilfe in Anspruch zu nehmen, die in den Augen des Volkes ihren unangenehmen und erniedrigenden Charakter verloren hat. Jene junge Frau, die ehrlich und unglücklich zu sein scheint, würde bei ihrem Schwiegervater sicher Hilfe finden, wenn es die Armengesetze nicht gäbe. Dessen Egoismus läßt aber den Schrei der Scham verstummen, und so belastet er die Gemeinschaft mit einer Schuld, die er selbst begleichen sollte. Und was die jungen Männer betrifft, die zuletzt eingetreten sind, so kenne ich sie, sie leben in meinem Dorf: Es sind ausgesprochen gefährliche Zeitgenossen, und, ehrlich gesagt, taugen sie nicht viel. Das Geld, das sie verdienen, verprassen sie im Handumdrehen in den Kneipen, weil sie wissen, daß der Staat ihnen beistehen wird. Wie Sie sehen, werden sie bei der kleinsten Schwierigkeit, die sie sich selbst zuzuschreiben haben, bei uns vorstellig."

Die Sitzung geht weiter. Eine junge Frau tritt vor das Gericht, gefolgt von dem Armenaufseher der Gemeinde und in Begleitung eines Kindes. Scheinbar ohne zu zögern, tritt sie näher. Nicht einmal den Blick senkt sie vor Scham. Der Aufseher erhebt den Vorwurf, das Kind, das sie in ihren Armen trage, sei Sproß einer sündigen Beziehung.

Das gesteht sie unumwunden ein. Da sie in Armut lebt und das uneheliche Kind – sollte der Vater unbekannt bleiben – zusammen mit seiner Mutter der Gemeinde zur Last fallen würde, verlangt der Aufseher von ihr, sie solle den Namen des Vaters angeben. Sie nennt einen Bauern in der Umgebung. Dieser, der bei der Verhandlung zugegen ist, erkennt die Richtigkeit des Tatbestandes ohne weiteres an, und die Friedensrichter verurteilen ihn dazu, für den Unterhalt des Kindes aufzukommen. Vater und Mutter gehen von dannen, ohne daß diese Begebenheit auch nur die geringste Empörung bei den mit einem derartigen Schauspiel vertrauten Zuhörern heraufbeschworen hätte.

Nach dieser jungen Frau wird eine weitere Frau vorstellig. Diese kommt aus eigenen Stücken. Mit derselben unverschämten Sorglosigkeit, wie sie bereits die Frau zuvor an den Tag gelegt hatte, wendet sie sich an die Richter. Sie sagt, sie sei schwanger, und nennt den Vater des Kindes, das bald das Licht der Welt erblicken werde. Dieser Mann ist nicht zugegen. Das Gericht vertagt sich auf einen späteren Termin, um ihn vorzuladen.

Lord X flüstert mir zu: „Da sehen Sie einen weiteren negativen Effekt, der sich aus eben diesen Gesetzen ergibt. Die unmittelbarste Folge der Armengesetzgebung liegt darin, daß der Unterhalt für ausgesetzte Kinder, welche die bedürftigsten aller Armen sind, der Öffentlichkeit überantwortet wird. Deswegen wollen die Kommunen sich von der Unterhaltspflicht für uneheliche Kinder entlasten, wenn es den Eltern möglich ist, sie zu ernähren. Und so versuchen die Gemeinden die Vaterschaft zu bestimmen, deren Nachweis der Frau überlassen wird. Was für ein Beweis ließe sich denn auch sonst allen Ernstes in einer derartigen Angelegenheit finden? Dadurch, daß wir die Gemeinden dazu verpflichtet haben, sich der unehelichen Kinder anzunehmen, und dadurch, daß sie über die Vaterschaft Nachforschungen anstellen können, um diese erdrückende Last zu senken, haben wir – mit allen uns zu Gebote stehenden Kräften – der Sittenlosigkeit der Frauen in den unteren Schichten Vorschub geleistet. Eine außereheliche Schwangerschaft muß deren materielle Situation nämlich fast immer verbessern. Wenn der Kindsvater reich ist, können sie ihm die Sorge um den Unterhalt für die Frucht ihrer gemeinsamen Verirrung überantworten. Wenn er arm ist, überlassen sie diese Sorge der Gesellschaft: Die Hilfeleistungen, die ihnen von einer der beiden Seiten gewährt werden, sind fast immer höher als die Ausgaben für ein Neugeborenes. Damit bereichern sie sich also noch mit ihrer Lasterhaftigkeit. Und nicht selten schließt eine unverheiratete Frau und mehrfache Mutter eine profitablere Ehe als eine Jungfrau, die nur ihre Tugendhaftigkeit zu bieten hat. Erstere hat sich nämlich durch ihre Schamlosigkeit eine Art Mitgift erschlichen."«

Noch einmal sei betont, daß ich an dieser Passage meines Tagebuches nichts habe ändern wollen. Ich habe sie Wort für Wort abgeschrieben, weil sie, so schien mir, in aller schlichten Wahrhaftigkeit die Eindrücke wiedergibt, die ich dem Leser mitteilen möchte.

Seit meiner Englandreise ist das Armengesetz modifiziert worden. Viele Engländer sind der Überzeugung, daß diese Veränderungen einen bestimmenden Einfluß auf das Schicksal der Armen, ihren Lebenswandel und ihre Zahl haben werden. Ich würde diese Hoffnungen gerne teilen, doch kann ich es nicht. Die Engländer haben unserer Tage in dem neuen Gesetz das vor 250 Jahren unter Elisabeth eingeführte Prinzip erneut bekräftigt. Ganz im Sinne der Herrscherin haben sie die Gesellschaft zur Armenunterstützung verpflichtet. Das mag genügen. Alle Mißbräuche, die ich versucht habe zu beschreiben, sind ja in diesem grundlegenden Prinzip enthalten, so wie die hoch aufgeschossene Eiche in der Eichel enthalten ist, die ein Kind mit seiner Hand umschließen kann. Sie braucht nur Zeit, um sich zu entfalten und zu wachsen. Ein Gesetz einrichten zu wollen, das den Bedürftigen regelmäßig, dauerhaft und gleichförmig Hilfe bietet, ohne daß die Zahl der Armen ansteigt, ohne daß die Faulheit zusammen mit den Bedürfnissen wächst, der Müßiggang zusammen mit dem Laster, hieße, eine Eichel pflanzen und sich dann darüber wundern, daß sich ein Stamm bildet, Blätter sprießen, Blüten knospen und schließlich Früchte reifen, die sich weithin zerstreuen, bis daß aus dem Erdinneren eines Tages ein grüner Wald emporgewachsen ist.

Es ist keineswegs meine Absicht, die Wohltätigkeit, die sowohl die natürlichste und schönste als auch die heiligste Tugend darstellt, zu verdammen. Aber ich denke auch, daß ein Prinzip nicht wirklich gut ist, solange nicht auch all seine Konsequenzen als gut erachtet werden können. Ich glaube, daß die Wohltätigkeit eine männliche und überlegte Tugend sein sollte und keine schwächliche und unüberlegte Neigung und daß man nicht Gutes tun sollte, das vor allem dem Spender gefällt, sondern Gutes, das dem Empfänger wahrhaft am nützlichsten ist; nicht etwa Gutes, das möglichst vollständig die Notlage einiger weniger lindert, sondern Gutes, das dem Wohlbefinden der Mehrheit dienlich ist. Nur daran kann ich Wohltätigkeit messen. Versteht man darunter etwas anderes, dann ist sie immer noch ein erhabener Instinkt, aber sie verdient in meinen Augen nicht länger den Namen Tugend.

Ich will durchaus eingestehen, daß die individuelle Nächstenliebe fast immer nützliche Folgen zeitigt. Sie widmet sich den schlimmsten Nöten, lautlos zeigt sie sich nach einem Unglück, und unverhofft und still lindert sie das Leid, das daraus entstanden ist. Sie tritt überall da auf, wo es hilfsbedürftige Notleidende gibt. Mit ihrem Leid wächst auch sie, und dennoch wäre es unvorsichtig, wollte man sich auf sie verlassen, denn unzählige Zufälle können sie aufhalten oder ihren Fortgang behindern. Man weiß nicht, wo sie zu finden ist und nicht alle Schmerzensschreie dringen zu ihr.

Auch ein Zusammenschluß von gemeinnützig wirkenden Personen könnte durch eine Verstetigung der Hilfeleistungen der privaten Wohltätigkeit einen größeren Wirkungskreis und eine größere Kraft verleihen. Die Nützlichkeit und Notwendigkeit einer öffentlichen Armenhilfe, die bei unvermeidbaren Notlagen – wie der Hilflosigkeit des Kindes, der Gebrechlichkeit des Alters, bei Krankheit und Irrsinn – Anwendung findet, sei ebenfalls eingestanden. Im Falle öffentlicher Katastrophen, wie sie von Zeit zu Zeit den Händen Gottes entweichen und den Nationen von seinem Zorn kündigen, mag sie vorübergehend nützlich sein. Das staatliche Almosen kommt dann ebenso schnell, ebenso unerwartet, es ist ebenso vorübergehend wie das Übel selbst.

Ich will auch noch einsehen, daß die öffentliche Armenhilfe Schulen für die Kinder von Bedürftigen einrichtet und somit der

Klugheit kostenlos die Möglichkeit bietet, durch Fleiß materiellen Besitz zu erwerben.

Aber ich bin fest davon überzeugt, daß jedwedes verstetigte, dauerhafte staatliche System, dessen Ziel es ist, den Armen in ihrer Not beizustehen, mehr Elend heraufbeschwört, als es heilen kann, die Bevölkerung, der es gerade helfen und Trost spenden will, verdirbt, die Reichen mit der Zeit zu den Pächtern der Armen degradiert, die Quelle des Sparens versiegen läßt, eine Kapitalakkumulation unterbindet, die Handelsentwicklung behindert, die menschliche Tatkraft und den menschlichen Unternehmergeist einschläfert und daß es schließlich zu einer gewaltsamen Revolution im Staate führen muß, wenn erst die Zahl der Almosenempfänger die Zahl der Spender nahezu erreicht haben wird und es dem Mittellosen, der von den verarmten Reichen nicht länger seinen Lebensunterhalt wird beziehen können, einfacher vorkommt, diese mit einem Schlag um ihr Hab und Gut zu bringen, anstatt sie um Unterstützung anzubetteln.

Das Gesagte sei noch einmal kurz zusammengefasst.

Durch den Fortschritt der modernen Zivilisation wächst stufenweise und in einem mehr oder weniger schnellen Ausmaß die Zahl derer, die um mildtätigen Beistand bitten.

Wie lassen sich solche Mißstände beheben?

Als erstes denkt man dabei unwillkürlich an ein gesetzliches Almosen in allen möglichen Erscheinungsformen, bald ohne Gegenleistung, bald unter dem Deckmantel eines Lohnes, mal punktuell und befristet zu bestimmten Zeiten, mal regelmäßig und dauerhaft unter anderen Umständen. Bei genauerer Betrachtung zeigt sich aber schnell, daß dieses Heilmittel, das als so selbstverständlich und effizient zugleich erscheint, einen riskanten Gebrauch darstellt, daß es, wie man es auch immer einsetzen mag, individuelles Leid nur scheinbar und vorübergehend lindert und die Wunden der Gesellschaft in Wahrheit verschlimmert.

Bleibt also nur die private Mildtätigkeit, die ausschließlich positive Effekte mit sich bringt. Gerade wegen ihrer Schwäche ist sie gegen die ihr innewohnenden Risiken geschützt. Sie lindert viel Elend und läßt selbst keines entstehen. Angesichts der fortschreitenden Entwicklung der Industrieklassen und aller Mißstände, welche die Kulturgesellschaft neben unschätzbaren Vorzügen auch hervorbringt, erscheint die private Armenhilfe aber ziemlich unzureichend. Im Mittelalter, als ihr durch den Religionseifer unerschöpfliche Energien zuflossen und als die Aufgabe noch leichter zu bewältigen war, genügte sie. Was soll aber heute aus ihr werden, wo die Last, die sie zu tragen hat, schwerer ist und ihre Kräfte geschwächt sind? Die individuelle Nächstenliebe ist ein mächtiges Moment, das die Gesellschaft keineswegs geringschätzen sollte. Sich darauf zu verlassen, wäre allerdings unklug: Sie ist eines der Mittel, sie kann aber nicht das einzige sein.

Was bleibt also zu tun? Wohin soll der Blick sich wenden? Wie lassen sich die Mißstände lindern, die wir wohl vorhersagen, nicht aber beheben können?

Bis jetzt habe ich nur die finanziellen Mittel gegen das Elend untersucht. Gibt es denn aber nur diese Art von Mitteln? Nachdem daran gedacht worden ist, die Mißstände zu lindern, wäre nicht auch der Versuch von Nutzen, ihnen vorzubeugen? Könnte man einer übereilten Landflucht nicht zuvorkommen, so daß die Menschen das Ackerland nur in dem Maße verlassen und zur Industrie gehen, wie diese mühelos ihren Bedürfnissen gerecht werden kann? Kann die Summe nationalen Reichtums nicht auch weiterhin ansteigen, ohne daß ein Teil derer, die diese Reichtümer produzieren, den Wohlstand verteufeln müssen, der durch sie entstanden ist? Ist es wirklich unmöglich, zwischen der Produktion und der Konsumption von Manufakturwaren für ein beständigeres und regelmäßigeres Verhältnis zu sorgen? Kann man es den Arbeiterklassen nicht erleichtern, Ersparnisse zu bilden, die es ihnen in Zeiten eines industriellen Engpasses ermöglichen, einen Umschwung des Schicksals abzuwarten, ohne unterdessen zugrunde zu gehen?

Hier weitet sich der Horizont vor mir nach allen Seiten hin aus. Mein Thema wächst, und ich sehe, wie sich vor mir ein Weg ausbreitet, den ich allerdings im Augenblick noch nicht beschreiten kann. Vorliegende Denkschrift ist wohl zu knapp bemessen für das, was ich zu behandeln hatte, und doch geht sie bereits über die Grenzen hinaus, die ich glaubte, mir setzen zu müssen. Die Maßnahmen, mit deren Hilfe man hoffen kann, Massenarmut präventiv zu bekämpfen, werden das Thema einer zweiten Schrift sein, mit der ich im kommenden Jahr die Akademiegesellschaft von Cherbourg zu beehren gedenke.

Alexis de Tocqueville

Über den Pauperismus

Zweite Denkschrift (gegen 1838)

Mittel zur Bekämpfung der Massenarmut in den modernen Staaten

In einem zurückliegenden Artikel habe ich zu zeigen versucht, daß die private und die öffentliche Armenhilfe der Not der ärmeren Klassen hilflos gegenüberstehen. Hier soll nun nach möglichen Mitteln und Wegen gesucht werden, um schon dem Entstehen einer solchen Not vorzubeugen.

Ein derartiges Thema hat fast keine natürlichen Grenzen, und deswegen ist es wohl nötig, sich selbst Schranken aufzuerlegen, die von dem Thema in keiner Weise gesetzt sind.

Diejenigen, die aufgrund ihrer Stellung an der Schwelle zur Bedürftigkeit leben und die das Thema dieses Artikels sind, müssen in zwei große Kategorien unterteilt werden: Auf der einen Seite stehen die Bedürftigen, die den bäuerlichen Klassen angehören, auf der anderen die Mittellosen, die von den industriellen Klassen abhängig sind. Diese beiden Facetten meines Themas müssen für sich genommen und im Detail betrachtet werden, zumindest soweit es die der vorliegenden Studie gesteckten Grenzen erlauben.

Weil die großen Gefahren der Zukunft nicht von den bäuerlichen Klassen ausgehen, will ich nur kurz auf das zu sprechen kommen, was mit ihnen in Zusammenhang steht.

In Frankreich ist die Erbeneinsetzung abgeschafft worden, und die Erbengleichstellung hat sich zum selben Zeitpunkt in den Sitten und Gebräuchen durchgesetzt, wie sie auch Eingang in die Gesetze gefunden hat. Somit ist gewiß, daß der Grundbesitz in Frankreich niemals mehr in nur wenigen Händen vereint sein wird, wie dies noch in einem Teil Europas zu bemerken ist.

Die Teilung des Besitzes, die wenigstens eine Zeit lang der Fortentwicklung der Landwirtschaft im Wege stehen kann, weil sie die Kapitalkonzentration in Händen derjenigen Grundbesitzer verhindert, die neuartige Veränderungen durchführen wollen, hat nun aber den unermeßlich positiven Nebeneffekt, daß dadurch der Ausbreitung der Massenarmut in den bäuerlichen Klassen Einhalt geboten wird. Wenn dem Bauern, so wie es in England der Fall ist, kein Stück Grund gehört, so kann ihn die Launenhaftigkeit und Profitgier der Grundbesitzer von einem Tag auf den anderen in schreckliche Not stürzen. Dies läßt sich leicht einsehen: Alle landwirtschaftlichen Anbauformen oder alle Anbaumethoden benötigen nicht unbedingt dieselbe Anzahl an Landarbeitern.

Wenn man zum Beispiel Weizenfelder in Weideland umwandelt, lassen sich einhundert Feldarbeiter spielend durch einen Schäfer ersetzen. Wenn man aus zwanzig kleinen Bauernhöfen einen großen macht, dann genügen einhundert Männer, um dieselben Felder zu bebauen, für die vorher noch vierhundert Arme nötig waren. In rein fachlicher Hinsicht mag vielleicht ein Fortschritt mit der Umwandlung der Weizenfelder in Weideland und der kleinen Bauernhöfe in große Anwesen verbunden sein, der Bauer aber, auf dessen Kosten solche Erfahrungen gehen, hat zwangsläufig darunter zu leiden. Mir ist zu Ohren gekommen, wie ein reicher schottischer Landbesitzer davon sprach, daß eine Veränderung in der Verwaltung und in der Bebauung seiner Ländereien dreitausend Bauern dazu gezwungen habe, ihre Häuser zu verlassen, um ihr Glück anderswo zu suchen. Die bäuerliche Bevölkerung dieses schottischen Kantons war somit von einem Tag auf den anderen derselben Not ausgeliefert wie die Industriearbeiterschaft, die, immer wenn neue Maschinen erfunden werden, davon betroffen ist.

Außerdem verschärfen derartige Ereignisse, die eine Massenarmut in den bäuerlichen Schichten auslösen, den Pauperismus in den industriellen Klassen zusätzlich. Die Männer, die auf diese Weise gewaltsam der Landwirtschaft entrissen werden, suchen in den Werkstätten und Manufakturen Zuflucht. Die industrielle Klasse nimmt daher – abhängig von der Nachfrage der Industrie – nicht nur auf natürliche und fragmentarische Weise zu, sondern auch – abhängig von den Nöten der bäuerlichen Klasse – sprunghaft und künstlich, was notwendigerweise zu einem Überangebot führt und das Gleichgewicht stört, das zwischen Konsumption und Produktion stets bestehen muß.

Die Konzentration des Grundbesitzes in nur wenigen Händen führt nicht allein zu dem Nebeneffekt, daß ein Teil der bäuerlichen Klassen verarmt. Mehr noch: Sie flößt den Bauern Gedanken und

Gewohnheiten ein, die sie langfristig und zwangsläufig in Armut stürzen müssen.

Was sehen wir jeden Tag mit unseren eigenen Augen? Wer sind die in den unteren Klassen, die sich mit Wollust allen Ausschweifungen und Zügellosigkeiten hingeben und die gern so leben, als gäbe es kein morgen? Wer zeigt sich immer und überall sorglos? Wer schließt diese verfrühten und unklugen Heiraten, die nur dazu da zu sein scheinen, die Zahl der Unglücklichen auf Erden zu vergrößern?

Die Antwort ist nicht schwer zu finden. Es sind die Proletarier, die auf Erden nichts weiter besitzen als die Kraft ihrer Arme. Wenn aber gerade jene Männer zu irgendeinem noch so kleinen Stück Land kommen, bemerkt man dann nicht, wie sich ihre Gedanken und ihre Gewohnheiten ändern? Läßt sich da nicht erkennen, daß sie sich mit dem Grundbesitz auch der Zukunft bewußt werden? Von dem Augenblick an, da sie fühlen, daß sie etwas zu verlieren haben, denken sie an die Zukunft. Sobald sie glauben, über die Mittel zu verfügen, sich und ihre Kinder vor der Armut zu schützen, ergreifen sie energische Maßnahmen, um ihr zu entgehen, und sie versuchen sich mittels vorübergehender Entbehrungen ein dauerhaftes Glück zu sichern. Diese Leute sind zwar noch nicht reich. Sie besitzen aber schon die Eigenschaften, die dem Reichtum vorangehen. Wie Franklin sagte: Mit Disziplin, Tatkraft und Sparsamkeit ist der Weg zum Reichtum nicht beschwerlicher als der Weg zum Marktplatz. Er hatte Recht.

Es ist also eigentlich nicht so sehr die Armut, die den Bauern blind für die Zukunft werden und den rechten Weg verlassen läßt, ist er doch vielleicht mit einem winzig kleinen Feld genauso arm. Es ist vielmehr das Fehlen jeglichen Besitzes, es ist die absolute Abhängigkeit vom Zufall.

Es sei auch noch hinzugefügt, daß es hinsichtlich der Mittel, die den Menschen einen Sinn für Disziplin, Tatkraft und Sparsamkeit vermitteln, wohl kein mächtigeres gibt, als ihnen den Erwerb von Grundbesitz zu erleichtern.

Ich will dazu noch einmal das englische Beispiel anführen. Die Bauern in England sind vielleicht alles in allem gebildeter und dabei nicht weniger arbeitsam als bei uns. Warum leben sie dann aber in dieser tierischen Sorglosigkeit des Kommenden, von der uns hier jeder Begriff abgeht? Woher kommt bei einem kühlen Volk dieser zügellose Sinn für alles Maßlose? Die Antwort liegt offen auf der Hand: In England greifen Gesetz und Gewohnheit derart ineinander, daß niemals auch nur das kleinste Stück Land in die Hände eines Armen gefallen wäre. Dessen Wohlstand, ja Leben hängt also niemals von ihm selbst ab, sondern stets von den Absichten der Reichen, auf die er keinen Einfluß hat und die ihm nach Gutdünken Arbeit geben oder auch verweigern können. Da er keinerlei direkte und dauerhafte Macht über seine eigene Zukunft hat, hört er bald auf, sich um sie zu sorgen, und verdrängt nur allzu gern, daß es sie überhaupt gibt.

Das wirksamste Mittel, um das Entstehen von Pauperismus in den bäuerlichen Klassen zu verhindern, ist somit also zweifellos die Teilung des Grundbesitzes. Da es eine solche Teilung bei uns in Frankreich gibt, muß nicht befürchtet werden, daß sich hier dauerhaft große Not ausbreitet. Der Wohlstand dieser Klassen läßt sich allerdings durchaus noch vermehren und das individuelle Leid mildern und verringern. Aufgabe der Regierung und aller wohl denkenden Menschen ist es, sich gerade darum zu bemühen.

Mittel und Wege dazu aufzuzeigen, fällt allerdings nicht mehr in den Bereich des hier behandelten Themas.

Während die bäuerliche Klasse in Frankreich weniger als in anderen Ländern mit solch unausweichlichen Schicksalsschlägen zu rechnen hat, ist die industrielle Klasse diesen dagegen in durchaus vergleichbarem Maße ausgesetzt. Zur Linderung des Elends der Arbeiterschaft wurde bisher nicht auf die Lösung zurückgegriffen, mit der die Not der Bauern erfolgreich bekämpft worden war. Und es ist auch weiterhin zweifelhaft, ob dies überhaupt möglich ist.

Es ist in der Tat bisher noch keine Möglichkeit entdeckt worden, wie der Industriebesitz – ganz so wie der Grundbesitz – geteilt werden könne, ohne unproduktiv zu werden. Die Industrie hat in den modernen Staaten eine Form der Aristokratie bewahrt, während überall sonst die Institutionen und Sitten, die aus ihr hervorgegangen waren, untergegangen sind.

Bis jetzt lehrt die Erfahrung, daß es für die allermeisten Handelsunternehmungen eines in wenigen Händen konzentrierten, soliden Kapitals bedarf, um sie mit einiger Aussicht auf Erfolg in Angriff zu nehmen. So stößt man also auf einige wenige Einzelpersonen, die große Reichtümer besitzen und auf eigene Rechnung eine Vielzahl von besitzlosen Arbeitern beschäftigen. Das ist das Bild, das man von der französischen Industrie heute gewinnt. Und es entspricht haargenau dem, was hier bei uns im Mittelalter üblich war und was in einem Großteil Europas auch in der Landwirtschaftsindustrie inzwischen Einzug hält.

Die Folgen sind identisch. Da der Arbeiter von heute ganz so wie der Bauer früher über keinerlei persönlichen Besitz verfügt und überhaupt keine Möglichkeit sieht, sich selbst eine beständige Zukunft zu sichern und sich Schritt für Schritt dem Reichtum anzunähern, wird er gleichgültig gegenüber all dem, was ihm keine sofortige Befriedigung bietet. Aufgrund seiner Sorglosigkeit ist er dann hilflos den Unwägbarkeiten der Not ausgesetzt. Es besteht allerdings ein großer und zentraler Unterschied zwischen dem Proletarierbauern und dem Industrieproletarier, nämlich der, daß dieser abgesehen von den üblichen Nöten, mit denen er wegen seiner Sorglosigkeit zu rechnen hat, darüber hinaus noch unablässig zufällige Schicksalsschläge in Kauf nehmen muß, die nicht vorherzusehen waren und die den Bauern durchaus nicht bedrohen. Diese Gefahren sind in der eigentlichen Industrie um ein Vielfaches größer als in der Landwirtschaft, weil die Industrie, wie noch zu zeigen sein wird, plötzlichen Krisen unterliegt, die der Landwirtschaft fremd sind.

Diese unerwarteten Unglücksschläge sind nämlich eine Folge der Handelskrisen, die sich im Großen und Ganzen auf zwei Ursachen zurückführen lassen:

• Wenn die Zahl der Arbeiter bei gleichbleibenden Produktionszahlen zunimmt, sinken die Löhne und es kommt zu einer Krise;

• wenn die Zahl der Arbeiter gleichbleibt, die Produktionszahlen jedoch zurückgehen, dann werden viele Arbeiter überflüssig und es kommt ebenfalls zu einer Krise.

Wie bereits gesehen, ist Frankreich von der ersten Art Krise weniger stark betroffen als andere Nationen, weil bei uns die bäuerliche Klasse nie so plötzlich und gewaltsam in die Industrie strömt.

Darüber hinaus ist Frankreich weitaus weniger stark von der zweiten Art Krise betroffen als andere Manufakturvölker, weil unser Land weniger vom Ausland abhängig ist. Das will ich erklären.

Wenn die Industrie einer Nation von den Launen und den Bedürfnissen ausländischer, d.h. weit entfernter und oftmals fast unbekannter Nationen abhängt, dann ist es leicht einsehbar, daß ein Zusammenbruch der Industrie immer zu befürchten steht, da sich diese Launen und Bedürfnisse aus Gründen, die nicht vorherzusehen sind, ändern können. Wenn dagegen der einzige Hauptabnehmer der Erzeugnisse eines Landes sich in dem Land selbst befindet, dann werden sich seine Bedürfnisse und Vorlieben nicht so sprunghaft und auf nicht so unvorhersehbare Weise ändern, als daß der Hersteller diese sich abzeichnenden Veränderungen nicht lange im voraus wird wahrnehmen können. Da sich außerdem diese Veränderungen nur schrittweise vollziehen, kommt es wohl zu Handelsstörungen, selten aber zu Krisen.

Die Welt bewegt sich allem Anschein nach auf einen Punkt zu, wo die Nationen alle in etwa gleichem Maße entwickelt oder – anders ausgedrückt – sich einander so ähnlich sein werden, daß eine Unmenge von Dingen, die für sie angenehm und notwendig sind, von ihnen hergestellt werden können. Dadurch werden die Krisen seltener und weniger schlimm sein. Diese Zeiten sind allerdings noch in weiter Ferne. Heute bestehen noch zu viele Ungleichheiten zwischen den Völkern, was ihren jeweiligen geistigen und wirtschaftlichen Entwicklungsstand und ihre Stärke betrifft, als daß eine geringe Zahl von ihnen für einen Großteil der anderen Nationen die Produkte herstellen könnte, die diese benötigen. Als Abenteurer der menschlichen Wirtschaftstätigkeit häufen diese Völker mit leichter Hand unermeßliche Reichtümer an, aber auf sie lauern auch unablässig schreckliche Gefahren. Das ist die Lage Englands. Die Handelssituation Frankreichs ist einerseits zwar weniger glänzend, andererseits aber auch etwas stabiler. Frankreich exportiert nur [ ][7] seiner Produkte ins Ausland. Der Rest wird im Inland verkauft. Hier steigt der Verbrauch stetig, aber die Konsumenten sind im Regelfall Franzosen.

In Frankreich sind demnach die Krisen weder so häufig noch so weitreichend noch überhaupt so folgenschwer wie in England. Unmöglich ist es dagegen, Krisenerscheinungen gänzlich zu verhindern, denn es sind keine Mittel bekannt, wie sich – und sei es auch nur im Innern eines Landes – die Zahl der Arbeiter und die Arbeit, der Verbrauch und die Produktion exakt und dauerhaft im Gleichgewicht halten lassen.

So ist also davon auszugehen, daß die Industriearbeiterschaft unabhängig von den allgemeinen und dauerhaft wirkenden Ursachen der Armut, denen sie ausgesetzt ist, von Zeit zu Zeit unter Krisen zu leiden haben wird. Deswegen ist es dringend erforderlich, sie sowohl vor den selbst als auch vor den fremd verschuldeten Unglücksschlägen zu schützen.

Das Problem besteht schlicht in der Frage nach den vorbeugenden Schutzmaßnahmen, mit denen sich die Folgen abmildern lassen.

Meiner Meinung nach gilt es also nur folgendes Problem zu lösen: Welche Möglichkeiten gibt es, damit sowohl der Industriearbeiter als auch der Kleinlandwirt wie ein Besitzender denken und handeln?

Zwei grundlegende Möglichkeiten sind vorstellbar: Die erste, die auf den ersten Blick auch am effizientesten erscheint, besteht in einer Beteiligung des Arbeiters an der Fabrik. Das würde für die Industrieklassen ganz ähnliche Folgen zeitigen, wie sie die Aufteilung des Grundbesitzes für die Bauernklasse hatte.

7 Tocqueville hat die zweite Denkschrift nicht vollendet, und so bleiben auch an einigen wenigen Stellen Lücken, bei denen der Autor ganz offensichtlich noch genauere Informationen hat einfügen wollen (Anmerkung des Übersetzers).

Allerdings würden die Grenzen vorliegender Schrift gesprengt, sollten an dieser Stelle alle Pläne untersucht werden, die immer wieder zur Erreichung dieses Ziels vorgetragen wurden.

Ich möchte mich also mit der knappen Bemerkung begnügen, daß all diese Umsetzungspläne bisher stets auf eines der beiden folgenden Probleme gestoßen sind: Zum einen war kaum einer der kapitalistischen Industrieunternehmer wirklich von der Idee angetan, den Arbeitern eine proportionale Gewinnbeteiligung zuzugestehen oder die bescheidenen Summen, die diese ihnen hätten anvertrauen können, in ihrem Unternehmen anzulegen. Ich glaube zwar, daß sie damit gegen ihr ureigenstes Interesse handeln, aber es wäre andererseits weder gerecht noch überhaupt geraten, sie dazu zu zwingen. Zum anderen waren auch die Bemühungen der Arbeiter erfolglos, wenn sie ohne Kapitalisten auszukommen versuchten, Assoziationen bildeten, Kapital zusammentrugen und ihre eigene Fabrik unter eine genossenschaftliche Leitung stellen wollten. Bald machte sich nämlich in den Assoziationen Unordnung breit, ihre Führungskräfte erwiesen sich als unzuverlässig, das Kapital als unzureichend oder schlecht abgesichert, die Kreditfähigkeit als nachgerade inexistent und ihre Handelsbeziehungen als sehr eingeschränkt. Schließlich zwang stets ein ruinöser Konkurrenzkampf die Assoziationen zu ihrer Auflösung. Derartige Versuche wurden vor unseren Augen oftmals wiederholt, vor allem in den letzten sieben Jahren, dies aber immer ohne Erfolg.

Trotzdem neige ich zu der Ansicht, daß eine Epoche näher rückt, in der eine ganze Reihe von Industriebetrieben in dieser Form geführt werden könnte. In dem Maße nämlich, wie sich unsere Arbeiter weiterreichende Kenntnisse aneignen und die Bildung von Genossenschaften zu ehrenhaften und friedliebenden Zwecken in unserem Land an Bedeutung gewinnt, werden die Industriegewerkschaften aufblühen und an Zahl zunehmen, zumal wenn die Politik dort in den Hintergrund tritt und eine derart beruhigte Regierung ihre Unterstützung und ihr Wohlwollen nicht verweigert. Ich denke, daß in einem demokratischen Zeitalter wie dem unserigen das Handeln weniger mächtiger Individuen nach und nach durch

Zusammenschlüsse in allen möglichen Bereichen abgelöst werden wird.

Die Idee der Arbeiterzusammenschlüsse in der Industrie erscheint mir also durchaus zukunftsträchtig. Gegenwärtig dürfte dafür jedoch die Zeit noch nicht reif sein. Unterdessen müssen anderswo Lösungen gesucht werden.

Wenn man die Arbeiter schon nicht als Besitzer an der Fabrik beteiligen kann, dann kann man ihnen doch wenigstens über die Löhne, die sie aus ihrer Fabrikarbeit beziehen, den Aufbau eigenen Besitzes erleichtern.

Die Förderung lohngestützter Spartätigkeit sowie die Einführung einer einfachen und sicheren Methode, wie die Arbeiter mit ihrem Ersparten ein Kapital bilden und es ertragreich anlegen können: das ist zur Zeit der einzige Weg, der einer Gesellschaft offen steht, damit die negativen Auswirkungen der Konzentration des Mobiliarbesitzes in wenigen Händen bekämpft werden können und damit die Industriearbeiter – so wie es bereits für einen Großteil der Bauernschaft der Fall ist – wie Besitzende denken und handeln.

Das Problem reduziert sich also schlicht auf die Suche nach Möglichkeiten, wie man den Mittellosen eine Kapitalbildung ermöglicht und wie sich deren Ersparnisse produktiv nutzen lassen.

Das beste und einzige Mittel, dessen man sich dazu in Frankreich bisher bedient hat, ist die Einrichtung von Sparkassen.

Die Sparkassen Frankreichs unterscheiden sich voneinander durch kleinere, unbedeutende Verwaltungsdetails. Im Großen und Ganzen können sie aber alle als Einrichtungen gelten, mittels deren die Armen ihr Erspartes dem Staat überlassen, der sich wiederum dazu verpflichtet, damit zu arbeiten und ihnen einen Zinssatz von 4% zu gewähren. Ganz ähnlich verhält es sich auch in England, mit dem Unterschied, daß der staatlich bewilligte Zinssatz nicht ganz so hoch ist wie bei uns.

Birgt aber ein solcher Lösungsansatz nicht große Risiken in sich?

Zuallererst läßt sich feststellen, daß bei uns der Staat, der den Mittellosen 4% für ihr Geld gewährt, dieses auch zu 2,5 oder 3% leihen könnte. Somit zahlt er mindestens 1% zuviel, ohne Not und aus besonderer Gefälligkeit dem Gläubiger gegenüber. Der sich daraus ergebende Betrag muß also als das Resultat einer echten Armensteuer angesehen werden, welche die Regierung bei allen Steuerzahlern erhebt, um die Bedürftigsten unter ihnen zu unterstützen.

Ob der Staat diese Last aber noch lange wird tragen wollen und ob er dies überhaupt kann, ist mehr als fraglich.

Die Gesamtsparsumme der Kassen hat sich hier bei uns in nur wenigen Jahren auf mehr als 100 Millionen erhöht. In England beläuft sie sich zur Zeit auf 400 Millionen. In Schottland, das nur 2.300.000 Einwohner zählt, erreicht die Sparsumme der ärmeren Bevölkerung fast 400 Millionen.

Wenn die mittellosen Klassen Frankreichs der Staatskasse zwischen 400 und 500 Millionen überlassen würden – was in einem gegebenen Zeitraum durchaus möglich, ja sogar wahrscheinlich ist – und dafür ein Zinssatz in Höhe von 4% fällig würde, wäre der Staatskasse die Deckung einer solchen Summe dann überhaupt noch möglich? Und selbst wenn der Zinssatz gesenkt würde, was für sich genommen bereits ein großes Unglück bedeutete, wäre solch eine Summe dann oftmals nicht eher lästig als nützlich?

In ihrer jetzigen Gestalt fallen unsere Sparkassen also der Staatskasse zur Last. Bieten sie denn aber den Armen selbst oder der Nation im Allgemeinen alle gewünschten Garantien? Ich denke nicht.

Wozu kann der Staat diese Gelder gebrauchen, die ihm aus allen Gegenden Frankreichs zuströmen?

Will er sie etwa zur Kostendeckung in der Finanzverwaltung einsetzen? Diese Verwaltungskosten sind aber doch begrenzt, während es das Wachstum der Sparkassen nicht ist. So kommt also der Tag, an dem der Staat, der mehr bekommt als er ausgeben kann, dazu gezwungen ist, ein immenses, unproduktives Kapital in seinen Händen anzuhäufen. Genau das ist vor kurzem geschehen. Als das letzte Sparkassengesetz (im Februar 1837) vorgestellt wurde, verfügte die Staatskasse in ihrer Bank über 64 Millionen, für die sie einen Zinssatz in Höhe von 4% an die Besitzer entrichtete, die ihr andererseits aber keinen Pfennig einbrachten. Darüber hinaus waren diese Gelder dem Finanzkreislauf gänzlich entzogen, was stets eine ärgerliche Maßnahme ist.

Deswegen verlangte bei der Debatte über das letzte Gesetz einer der Redner, daß man Ausgaben schaffen müsse, um das Kapital aufzubrauchen. Andere Redner haben diesen Gedanken weiterentwickelt und von staatlichen Bauprojekten gesprochen, die mit den Ersparnissen der Arbeiter betrieben werden sollten.

Da diese Arbeiten sich aber für den Staat als nicht oder nicht unbedingt produktiv erweisen könnten, würde all dies darauf hinauslaufen, daß die Masse der Steuerzahler jedes Jahr mit dem Zinssatz eben der Summen belastet würde, welche die Armen in die Staatskassen einzahlen. Das wäre offensichtlich gleichbedeutend mit einer Armensteuer nur unter einer anderen Bezeichnung.

Wenn der Staat die Spareinlagen der Sparkassen nicht zur Deckung der Verwaltungskosten der Staatskasse einsetzt, muß er sie seinerseits so anlegen, daß sie ihm Zinsen einbringen. Nun ist es aber leicht zu erraten, daß es nur eine einzige angemessene Anlageform gibt und zwar den Ankauf von Rentenpapieren. Der Staat verfügt über die Spareinlagen der Sparkassen allerdings nur unter der Bedingung, daß er sie auf Wunsch der Anleger jederzeit wieder ausbezahlen kann. Deshalb kann er selbst dieses Geld nur unter derselben Voraussetzung anlegen, d.h. mit der Möglichkeit, diese Rentenpapiere zum gewünschten Zeitpunkt und in der gewünschten Zahl wieder abzustoßen, um seine Gläubiger zu bezahlen. Nun gibt es aber nur die an der Börse zu erwerbenden Rentenpapiere, die diesen Vorteil in großer Zahl bieten. Ob nun der Staat von der Finanzverwaltung oder von der staatlichen Hinterlegungs- und Konsignationskasse vertreten wird, er kann das Sparguthaben der Armen nur in Rentenpapiere anlegen. Daraus ergeben sich mehrere folgenschwere Probleme, darunter vor allem auch folgendes: Wenn die Armen ihr Geld einzahlen, dann werden unablässig Rentenpapiere erworben und das zu einem hohen Preis, gerade deswegen, weil viele auf einmal gekauft werden. Wenn aber eine Panik ausbricht oder es zu einer wirklichen Not kommt und die Armen ihr Geld zurückverlangen, dann müssen Rentenpapiere verkauft werden und das zu einem niedrigen Preis, gerade weil viele auf einmal verkauft werden. So ist der Staat also in der bedauernswerten Lage, daß er stets teuer einkaufen und billig verkaufen muß, d.h., daß er ein Verlustgeschäft macht.

Diese Darlegung des Sachverhalts ist unbestreitbar, und ich glaube nicht, daß dies bis hierhin jemand in Zweifel ziehen würde.

Die dem Staat anvertrauten Sparguthaben der Armen werden oder können ihm zumindest schnell zu einer schweren Last werden, und – was noch schlimmer ist – es besteht die Möglichkeit, daß ihm dadurch eine finanzielle Belastung aufgebürdet wird, deren Ausmaß unmöglich im vorhinein bestimmt werden kann.

Das ist aber noch nicht alles. Es stellt sich vielmehr die Frage, ob dadurch überhaupt das Gemeinwohl und die Sicherheit des Landes gewahrt werden. In wirtschaftlicher Hinsicht ist es meines Erachtens schädlich, all die kleinen, verfügbaren Geldbeträge der Provinzen, die vor Ort mit Gewinn eingesetzt werden könnten, ins Zentrum abzuleiten. Natürlich fließt den Provinzen ein Teil der Geldbeträge in Form von Beamtenbezügen oder etwa auch durch staatliche Bauprojekte wieder zu. Dieser Rückfluß des Geldes vom Zentrum in die Peripherie verläuft aber langsam und ungleichmäßig. Oftmals kommen die höheren Beihilfen denjenigen Provinzen zugute, die am wenigsten in die Staatskasse eingezahlt haben und für die es gerade wegen ihrer Rückständigkeit umso erforderlicher ist, daß dort Straßen gebaut und Kanäle angelegt werden. Im übrigen ist es aber immer nur ein Teil der Spareinlagen der Armen, die in Form von Gehältern und sozialen Verbesserungensmaßnahmen wieder an die Armen zurückfließen. Der weit größere Teil – vor allem auch in Folge des neu verabschiedeten Gesetzes – versickert in den Staatsfinanzen und bleibt in den Händen des Handels und der Pariser Rentiers.

In rein politischer Hinsicht treten die Gefahren des gegenwärtig herrschenden Systems meiner Ansicht nach noch deutlicher zutage.

Ich kann nicht glauben, daß es sinnvoll ist, das gesamte Vermögen der ärmeren Klassen eines ganzen Landes ein und denselben Händen, sozusagen an ein und demselben Ort anzuvertrauen, so daß ein zwar wenig wahrscheinliches, aber durchaus mögliches Ereignis auf einen Schlag das einzige und letzte Hab und Gut der Armen zu ruinieren und ganze Bevölkerungsschichten in Hoffnungslosigkeit zu stürzen im Stande wäre, die dann nichts mehr zu verlieren hätten und somit leicht das Eigentum anderer begehren könnten.

In den letzten hundert Jahren ist der Staat mehr als einmal Bankrott gegangen: Das *Ancien Régime*, der Alte Staat, und auch die *Convention*, der Nationalkonvent, sind dafür ein Beispiel. In den letzten fünfzig Jahren hat sich die Regierung Frankreichs sieben Mal von Grund auf geändert, und oft wurde sie umbesetzt. In demselben Zeitraum haben die Franzosen 25 Jahre lang schreckliche Kriege und zwei fast vollständige Invasionen ihres Landes erlebt. Es ist nicht angenehm, an diese Fakten zu erinnern, aber die Vorsicht gebietet es, sie nicht zu vergessen. Ist es in einem Jahrhundert des Übergangs wie dem unserigen, in einem Jahrhundert, das wegen seiner Stellung und seiner Natur unausweichlich mit lange währenden Unruhen zu rechnen hat, ist es in solch einem Jahrhundert überhaupt geraten, das gesamte Vermögen derart vieler Menschen in die Hände der Regierung – welche Form sie, welche Vertreter sie zur Zeit auch haben mag – zu legen? Solange man mir nicht stichhaltig beweist, daß dies unausweichlich ist, kann ich es jedenfalls nicht glauben.

Im übrigen ist nicht nur zu befürchten, daß die Regierung das von den Armen geliehene Kapital an sich reißt, sondern auch daß der Geldgeber es dem Gläubiger durch seine eigene Unvorsichtigkeit unmöglich macht, die Gelder zurückzuzahlen, und ihn dadurch in den Bankrott zwingt.

Worin besteht denn die Aufgabe der Sparkassen? Sie sollen es dem Armen ermöglichen, in den Jahren der Prosperität schrittweise ein Kapitalvermögen zusammenzutragen, das ihm dann in Notzeiten dienlich sein kann. Es gehört also zum ureigensten Wesen der Sparkassen, daß man stets eine Auszahlung in kleinen Summen, d.h. eine Barauszahlung, muss verlangen können.

Bei einer nationalen Krise, in Revolutionszeiten, immer dann, wenn sich begründete oder eingebildete Befürchtungen hinsichtlich der Zahlungsfähigkeit der Staatskassen plötzlich in den Köpfen der Bevölkerung festsetzen, wäre es also durchaus möglich, daß in nur wenigen Tagen der Staat dazu angehalten wäre, dreistellige Millionenbeträge bar auszubezahlen. Das allerdings wäre unmöglich. Wer könnte aber die Wirkung abschätzen, die die Nachricht eines solchen Ereignisses auf die ärmeren Klassen eines großen Königreiches wie Frankreich haben müßte?

In der löblichen Absicht, die unbegründeten Ängste zu vertreiben, die das letzte Sparkassengesetz bei den Pariser Arbeiterklassen hervorgerufen hatte, hat sich Charles Dupin[8] vor nicht allzu langer Zeit um den Nachweis bemüht, daß in Frankreich die Spareinlagen in den Sparkassen eine bestimmte Festgrenze, die er maximal auf etwa 250 Millionen beziffert, nicht überschreiten könnten. Diese nicht unbeträchtliche Summe wäre der Staat allerdings wohl noch zu bewältigen in der Lage.

Um einem Argument zuvorzukommen, daß sich unweigerlich aus dem Beispiel Englands und vor allem auch Schottlands ableiten läßt, wo auf die vor gerade einmal 36 Jahren gegründeten Sparkassen von einer Bevölkerung von knapp über zwei Millionen Einwohnern bereits Spareinlagen in einem Wert von 400 Millionen Francs eingezahlt worden sind, betont Charles Dupin, daß die unteren Klassen in England ihre Ersparnisse gar nicht anders nutzen können, als sie auf eine Sparkasse einzubezahlen, da ihnen der Landbesitz unmöglich ist.

Das ist richtig. Die Folge, die sich daraus ableiten läßt, wird dagegen stark übertrieben. Ob die Sparguthaben nun mit dem Ziel angelegt werden, Land oder Rentenpapiere zu kaufen, hat keinerlei

---

8 Charles Dupin, *La Caisse d'épargnes et les ouvriers*, Paris, 1837 (Anmerkung des Übersetzers).

Bedeutung. Das ausschlaggebende Moment ist das Sparguthaben und nicht das damit verfolgte Endziel.

Ich will noch einen Schritt weiter gehen und behaupte sogar, daß in Frankreich, sollte sich hier ein begründetes und unerschütterliches Vertrauen in die Zahlungsfähigkeit der Sparkassen in den bäuerlichen Klassen breitmachen, im Verhältnis deutlich mehr Geld in die Kassen fließen würde als in England. Dafür gibt es einen einfachen Grund: In Frankreich ist der Bauer sparsam, aber er spart nur für ein einziges Ziel, den Ankauf von Land. Er verfolgt mit seinem Geld also nur dieses eine Ziel und sonst keines. Demnach gibt es in Frankreich in viel stärkerem Maße als anderswo kleinere Geldbeträge, die für die Sparkassen verfügbar sind und die notwendigerweise den Weg dorthin finden würden, wenn sie nicht durch eine instinktive Angst, welche die Erfahrung allerdings unweigerlich abschwächen wird, in den Händen ihrer Besitzer zurückgehalten würden.

In dem Maße, wie sich das Wissen vermehrt und sich die Angewohnheit, in den ärmeren Klassen Frankreichs verbreitet, das, was man sich Tag für Tag abgespart hat, nutzbar zu machen, wird der einfache Grundbesitzer selbst, anstatt irgendwo in seinem Haus Pfennig für Pfennig die Summe zusammenzutragen, die ihm den Ankauf von Land ermöglichen soll – wobei er aber über lange Jahre hinweg ein bescheidenes Kapital unrentabel brachliegen läßt und unzähligen Gefahren aussetzt –, wird dieser Kleinbauer also seine Ersparnisse selbstverständlich zur nächsten Sparkasse bringen mit der Absicht, sie eines Tages wieder abzuheben, um den Landerwerb zu tätigen, der ihm vorschwebt.

Die Sparkassen stellen die einzig angemessene Anlageform dar für diese Art Menschen, die nur an den Ländereien in ihrer unmittelbaren Nachbarschaft Interesse haben und deswegen ihr Vermögen immer verfügbar halten müssen, um stets dazu in der Lage zu sein, die seltenen Gelegenheiten, die sich bieten, sogleich wahrnehmen zu können.

Somit bildet die Erdverbundenheit des französischen Bauern für die Zunahme der Spareinlagen in den Sparkassen kein oder kein besonderes Hindernis. Tatsächlich sind der Höhe der Spareinlagen nur durch die Möglichkeiten des Armen zum Sparen Grenzen gesetzt und durch dessen mehr oder weniger ausgeprägte Einsicht dafür, daß es nur in seinem ureigensten Interesse ist, das Ersparte nicht brachliegen zu lassen und zu gefährden.

Dies alles darf nicht übersehen werden, denn es ist genauso wenig im Interesse der Völker wie der Individuen, sich den Blick auf die Wahrheit zu verstellen. Die einen wie die anderen müssen sie im Gegenteil fest im Blick behalten, um zu erkennen, ob neben dem Übel nicht auch zufällig ein Heilmittel auszumachen ist.

Was läßt sich nun aus dem Gesagten schließen?

Zusammenfassend möchte ich auf keinen Fall so verstanden werden, als stellten die Sparkassen in ihrer jetzigen Form eine *aktuelle* Bedrohung dar: Das tun sie nämlich keineswegs. Man müßte meiner Meinung nach selbst dann noch ein Sparkassensystem einführen, wenn es keine Möglichkeit gäbe, die Eventualität einer künftigen Gefahr auszuschließen. Die physischen und geistigen Übel, die sich aus fehlender Weitsicht und Armut ergeben, sind so real wie bedrohlich. Die Übel, die dieser Lösungsansatz langfristig mit sich bringen würde, liegen dagegen in der Zukunft und werden vielleicht niemals eintreten. Diese Überlegung ist für meine Ansicht ausschlaggebend.

Was ich sagen möchte, ist vielmehr, daß es unklug wäre zu glauben, mit den Sparkassen – so wie sie heute bestehen – sei ein Allheilmittel gegen die Übel der Zukunft gefunden, und daß man sich davor hüten muß, ihre Einrichtung als eine Art universelle Patentlösung zu betrachten. Anstatt sich auf dieser falschen Gewißheit auszuruhen, sollten unsere Ökonomen und Staatsmänner sich zum einen darum bemühen, die Verfassung unserer Sparkassen zu verbessern, zum anderen aber auch alternative Ressourcen für die Ersparnisse der Armen einrichten. Die Sparkassen sind zwar ein ausgezeichnetes Mittel, damit der Arme auf den Gedanken kommt, Geld zu sparen und das Ersparte ertragreich anzulegen. Sie können aber auf keinen Fall mit Gewißheit und für alle Zeiten die einzige Institution darstellen, welcher der Arme seine Ersparnisse anvertraut.

Diese beiden angesprochenen Probleme wollen wir nacheinander darlegen.

Es ist nicht meine Absicht, nach allen Verbesserungen zu suchen, die in das Sparkassensystem eingeführt werden könnten, noch überhaupt auf diese hinzuweisen. Das würde das eigentliche Thema dieses Artikels sprengen. Ich will nur auf das allgemeine Grundprinzip zu sprechen kommen, das in meinen Augen übernommen werden sollte, und auf eines der leichteren Anwendungsgebiete dieses Prinzips.

Anstatt sich darum zu bemühen, die Sparkassensumme möglichst der Staatskasse oder der öffentlichen Hand zuzuführen, sollte die Regierung vielmehr alles in ihrer Macht Stehende tun, damit diese kleineren Vermögenssummen unter ihrer Überwachung auf lokaler Ebene eingesetzt werden, so daß der Staat so wenig wie möglich mit einem allgemeinen und plötzlichen Auszahlungswunsch konfrontiert wird. Darin besteht das Grundprinzip.

Was das Anwendungsgebiet betrifft, so läßt sich folgendes sagen:

Heute gibt es in allen Städten Frankreichs *monts-de-piété* genannte Pfandleihhäuser. Diese Pfandleihhäuser sind Wucherzins-Einrichtungen, die, im Allgemeinen ohne jedes Risiko, Geld zu einem Zinssatz von 12% leihen. Es soll dabei allerdings nicht verschwiegen werden, daß das Geld, das sie auf diese Art zusammentragen zur Ausstattung der Krankenhäuser dient, so daß diese *monts-de-piété* nachgerade als Einrichtungen betrachtet werden können, welche die Armen in den Ruin treiben, um ihnen dann in der Not eine Zufluchtsstätte zu bieten.

Diese simple Darstellung spricht für sich selbst. Es ist nur allzu offensichtlich, daß man im Interesse der mittellosen Klassen und im Interesse der Ordnung und der öffentlichen Moral die Einnahmen der Krankenhäuser möglichst bald anderweitig gewährleisten sollte.

Sobald das Band, das die Pfandleihen und die Krankenhäuser miteinander verbindet, durchschnitten würde, wäre es nur natürlich, die *monts-de-piété* und die Sparkassen zu vereinen und aus beiden eine einzige Einrichtung zu machen.

In einem solchen System würde die Verwaltung mit der einen Hand Ersparnisse entgegennehmen, die sie dann mit der anderen weiterleitet. Die Armen, die Geld zum Verleihen haben, würden es in die Hände der Verwaltung übergeben, die es wiederum – mittels eines Pfandes – an diejenigen Armen weiterleitet, die sich etwas borgen müssen. Die Verwaltung bestünde allein in einer Mittlertätigkeit zwischen diesen beiden Gruppen. In Wahrheit würde der sparsame und vorübergehend vom Schicksal begünstigte Arme seine Ersparnisse zinsbringend an den verschwenderischen und vom Unglück geschlagenen verleihen.

Gibt es ein einfacheres, leichter zu verwaltendes und moralischeres System als dieses? Die in dieser Form angelegten Ersparnisse der Armen sind sowohl für den Staat als auch für die Armen selbst völlig ungefährlich, denn es gibt nichts Sichereres auf Erden als eine Anlage gegen Pfand.

Da der Zinssatz des geliehenen Geldes jetzt nur mehr dazu dienen würde, die Zinsen der Spareinlagen des Armen zu begleichen, ließen sich auf einen Schlag zwei sehr nützliche Ergebnisse erzielen: Man müßte nicht länger einen Wucherzins von den Armen verlangen, die gegen Pfand borgen, und man könnte jenen Armen, die ihr Erspartes einzahlen, einen höheren Zinssatz bewilligen. Der eine könnte leicht auf 7% verringert und der andere auf 5% erhöht werden, was ein doppeltes Glück bedeuten würde.

Allerdings könnte es dazu kommen, daß die Sparkasseneinzahler in Zeiten öffentlicher Not ihr Geld zurückverlangen, während die Zahl der Entleiher in den Pfandhäusern übermäßig anwächst. Die Verwaltung würde dann von den einen weniger bekommen und wäre andererseits gezwungen, den anderen mehr zur Verfügung zu stellen.

Es ist aber leicht einsehbar, daß die Gefahr, auf die hier hingewiesen wird, nur eine scheinbare und keine begründete Gefahr darstellt.

Es gibt keine glaubwürdigere und verläßlichere Einrichtung als das Pfandleihhaus. Wer ihm sein Geld leiht, geht überhaupt kein Risiko ein, weil er als Garantie für seine Ansprüche über das eigentliche Pfand verfügt. Deswegen haben die Pfandhäuser auch stets zu niedrigen Preisen „kaufen" können, während dem Staat oder den Privatpersonen die Zahlungsfähigkeit abgesprochen wurde. Wenn der in Rede stehenden Verwaltung also vorübergehend die Ersparnisse einiger Armer abgingen, würde sie selbst Geldanleihen tätigen, um für die Pfandanleihen, die ihnen von anderen Armen angetragen würden, gerüstet zu sein. Und selbst dabei würde sie noch einen Gewinn erzielen, da sie zu 5% zu leihen nehmen und zu 7% entleihen würde.

Im übrigen will ich durchaus nicht behaupten, ich sei der Erfinder dieses hier dargelegten Systems. Eine Zusammenführung von *mont-de-piété* und Sparkassen gibt es seit [ ][9] Jahren in der Stadt Metz, einer unserer größten und im Hinblick auf ihre philanthropischen und volksnahen Institutionen fortschrittlichsten Städte. Mit dieser Zusammenführung konnte die Sparkassenleitung den Sparanlegern, die über weniger als [ ][10] Francs verfügen, 5% anstatt 4% bieten, und die Leitung des Pfandhauses – es handelt sich um dieselben Personen – konnte den Zinssatz auf eine Pfandleihe auf 7% senken, während in Paris noch 12% gang und gäbe sind. Außerdem sind die Verwaltungskosten dieser beiden Einrichtungen seit ihrer Zusammenführung um die Hälfte zurückgegangen. Um das Bild abzurunden, soll abschließend auch nicht verschwiegen werden, daß die Sparkasse Metz sowie das Pfandleihhaus die Revolution 1830 und die darauf folgende Finanzkrise weitgehend unbeschadet überstanden haben.

Für die hier ausgeführten Ideen spricht also nicht allein ihre logische Herleitung, sondern auch der Erfahrungsschatz. Warum ver-

9 Vgl. Fußnote 7 (Anmerkung des Übersetzers).

10 Vgl. Fußnote 7 (Anmerkung des Übersetzers).

sucht die Regierung nicht, von dieser nützlichen Erfahrung zu profitieren, zumal sie doch in letzter Zeit ein echtes Bemühen um die materiellen Interessen der ärmeren Klassen an den Tag gelegt hat? Wie ist zu erklären, daß sie sich, weit davon entfernt, den Anstoß zu einer Zusammenführung der Sparkassen mit den Pfandhäusern zu geben, tagtäglich den in diese Richtung zielenden Anfragen widersetzt, die bei ihr eingehen? Mir ist dies nur schwer verständlich. Sollte es jemals gelingen, alle Ersparnisse der Armen in die Hände des Staates zu leiten, dann wird der Ruin der Armen und der Zusammenbruch des Staates unvermeidlich eintreten. Sollte die Regierung etwa glauben, daß sie für ihre eigene Sicherheit ein Interesse daran haben muß, das Überleben der Arbeiterklassen und ihren eigenen Fortbestand aneinander zu binden, so daß sie nicht gestürzt werden kann, ohne daß die Arbeiter mit ihr in den Ruin getrieben würden? Ich kann an ein so gefährliches Unterfangen nicht glauben. Ich für meinen Teil halte die genannte Kombination für das wirksamste Mittel, um die Vorzüge des Sparkassensystems beizubehalten und dabei einen Teil ihrer Risiken zu vermeiden. Ich sage „einen Teil“, weil sich die vorgeschlagene Lösung selbstverständlich irgendwann als unzureichend erweisen kann.

Wenn die Sparkassenleitung die Ersparnisse der Armen nur zu Pfandleihen nutzen könnte, dann wäre man wohl – weil diese Anlageform begrenzt ist, die Spareinlagen aber nicht – eines Tages dazu gezwungen, einen Teil der neuen Sparer abzuweisen. Das wäre allerdings von Übel, da dadurch in den Köpfen der Armen ein unablässiger Zweifel an der Sicherheit ihrer Ersparnisse entstehen würde. Damit wäre auch die Versuchung groß, überhaupt nicht zu sparen.

Deswegen möchte ich auch nicht, daß der Staat seine Kassen für die Spareinlagen der Armen endgültig schließt. Ich würde die zur Zeit bestehende Gesetzgebung beibehalten. Allerdings würde ich es den Sparkassen nur dann erlauben, die Gelder an die Staatskasse weiterzuleiten, wenn die Pfandleihhäuser keinen Gebrauch mehr dafür hätten. Auf diese Weise käme man in den Genuß aller Vorzüge und hätte den Großteil der Risiken vermieden.

Das ist aber noch längst nicht ausreichend. Solange der Arme sein Geld nur anlegen will, wenn er es nach Wunsch wieder abheben kann, und solange keine leicht zugänglichen und sicheren Möglichkeiten gefunden worden sind, wie man es anderweitig anlegen kann, solange wird man auch nicht zu den gewünscht umfassenden und sicheren Ergebnissen gelangen.

Armut als Konstrukt

Nachwort zu Alexis de Tocquevilles *Mémoires sur le paupérisme*

von Manfred Füllsack

Tocquevilles Verdikt ist vernichtend: Armut ist ein Zivilisationsphänomen, ein Problem, das in dem Ausmaß wächst, indem seine Bekämpfung staatlicher Administration unterstellt wird. Der moderne Staat trägt nicht nur wenig zur Beseitigung von Armut bei, sondern vergrößert sie, und zwar nicht nur in dem Sinn, den später Georg Simmel herausstellen wird, wonach Armut erst durch sozialstaatliche Erfassung zu einem sozialen Problem wird.[1] Nein, Armut wird für Tocqueville schon deswegen von sozialstaatlichen Maßnahmen befördert, weil den Armen in der Verregelmäßigung ihrer Unterstützungen jeglicher Anreiz genommen wird, selbst Initiative zu ergreifen und sich aus ihrer misslichen Lage zu befreien. Da staatlich administrierte Armenfürsorge überdies unter Bedingungen, in denen Armut in Folge des zivilisatorischen Fortschritts bereits vielfältige Gesichter zeigt, zu ausufernder Üppigkeit neigt und damit zu Missbräuchen geradezu auffordert, ist ihre gesetzliche Regelung und staatliche Administration kontraproduktiv. Ein Sozialstaat, der Armut „universalistisch“[2] bekämpft, – so ließe sich Tocqueville aus heutiger Sicht interpretieren – ist kein adäquates Mittel zur Unterstützung einer demokratisch organisierten Gesellschaft.

1 Vgl. Simmel (1908/1993: 551): „Der Arme als soziologische Kategorie entsteht nicht durch ein bestimmtes Maß an Mangel und Entbehrung, sondern dadurch, dass er Unterstützung erhält, oder sie nach sozialen Normen erhalten sollte.“

2 Zur Diskussion um universalistische versus selektive sozialstaatliche Maßnahmen u.a.: Titmus 1963; Esping-Andersen 1990.

I.

Wer war dieser Autor, der dem Sozialstaat, noch bevor dieser in seiner heutigen Form entstand, ein so vernichtendes Urteil aussprach?

Alexis de Tocqueville (1805-1859) war Spross einer aristokratischen Familie aus der Normandie, der 1835 in Frankreich mit einer detailreichen Studie zur Demokratie in Amerika hervorgetreten ist[3], für die er mehrere Monate lang persönlich das politische System in den Vereinigten Staaten untersucht hatte und dabei weitreichende Einsichten zu Bedingungen und Folgen demokratischer Grundpfeiler wie etwa der Volkssouveränität, der Pressefreiheit, dem allgemeinen Wahlrecht, der Wirkung der öffentlichen Meinung oder auch der Allmacht der Mehrheit gesammelt hat. Bekannt geworden ist Tocqueville dabei insbesondere mit der These, dass die Gleichheit der Bedingungen, die *égalité des conditions*, die er als Grundprinzip der modernen Demokratie ausmachte, nicht notwendig auch jene Freiheit zur Folge haben müsse, mit der sie in der Werte-Trias der französischen Revolution gemeinhin assoziiert wird. Im Gegenteil, die *égalité des conditions* barg für Tocqueville unübersehbar die Gefahr, die Freiheit in einem *despotisme administratif*, also in jenem Verwaltungsapparat zu ersticken, den die Gleichheit benötigt, um gewährleistet zu werden. Die Freiheit tendiere dazu, hinter der „feurigen" und „unersättlichen" Leidenschaft für die Gleichheit zu verblassen[4], wie Tocqueville im Hinblick auf den *Bonapartismus* in seinem Lande gemeint hat, dessen plebiszitäre Diktatur für ihn die unbeschränkte Souveränität eines Herrschers verkörperte, der sich ebenso auf das Volk wie auf einen perfektionierten Verwaltungsapparat stützen konnte. Die Bürger nehmen in diesem Fall „die Bevormundung hin, indem sie sich sagen, dass sie ihre Vormünder selber ausgewählt haben. Jeder duldet, dass man ihn fessle, weil er sieht, dass weder ein Mann noch

3 Tocqueville (1835/1840) 1987.

4 Vgl.: Tocqueville 1987, I: 142f.

eine Klasse, sondern das Volk selbst das Ende der Kette in Händen hält."[5]

Die wahre Demokratie müsse daher danach streben, eine Balance zwischen Freiheit und Gleichheit zu finden. Und diese meinte Tocqueville mit vorbildhafter Tragweite im amerikanischen Kompromiss zwischen liberaler *indépendance* und republikanischer *participation* verwirklicht zu finden, in der bürgerlichen Freiheit des Privatmenschen also, die durch Sitten und Institutionen der demokratischen Teilhabe ergänzt wird. In der Neuen Welt, in der keine Revolution notwendig war, um althergebrachte Hierarchien zu zerschlagen, konnte der *homme démocratique americain* ebenso *bourgeois* wie *citoyen* sein, weil die Verfassung einerseits jedem Bürger seine individuelle Autonomie, seinen *pursuit of happiness* garantierte und andererseits die Einrichtungen der lokalen Selbstverwaltung eine angemessene Beteiligung an den legislativen, exekutiven und judikativen Belangen des Gemeinwesens garantierten. In Amerika, so Tocqueville, war die Synthese zwischen antiker politischer und moderner individueller Freiheit, zwischen Teilhabe und Selbstbestimmung in vielfacher und weittragender Hinsicht gelungen.

Um diese Synthese in Europa ebenfalls zu ermöglichen, schienen allerdings Umwege notwendig – Umwege, die Tocquevilles realistisch-pragmatische Herangehensweise und die damit verbundene ideologische Ambivalenz, die ihm so oft vorgeworfen wurde, anschaulich vor Augen führen. Denn für Europa scheute sich Tocqueville nicht, genau jene Macht zu berufen, deren erfolgreiche Zerschlagung er in Amerika als Voraussetzung für das Funktionieren der Demokratie ausgemacht hatte. *Aristocratiser la démocratie* lautete seine diesbezügliche Devise. Die „größten Vorzüge der Aristokratie ohne deren Ungerechtigkeiten und Gefahren"[6] suchte er wieder zu berufen, um demokratische Einrichtungen wie die Presse, die Justiz oder auch die Gruppierungen der Zivilgesellschaft „aristokratischen Persönlichkeiten" gleich auf das geistige und mora-

5 Tocqueville 1987, II: 465.

6 Tocqueville 1987, II: 472.

lische Erbe jener Sitten zu fundieren, die, wie die Liebe zur Freiheit oder die Orientierung an immateriellen Werten, der Aristokratie einst die Kraft gegeben hatten, als Einzelne einer breiten sozialen Mehrheit entgegen zu treten. In Berufung der Werte und Sitten der Aristokratie – deren moralischer Orientierung an Religion etwa, dann aber auch deren Abneigung gegen das aufklärerische „Gleichmachen der Geschlechter" –, sieht Tocqueville eine Möglichkeit, den schwierigen Drahtseilakt der Gewährleistung von Freiheit im Zeitalter der Gleichheit auch in Europa zu schaffen. Kein Wunder also, dass er bereits zu Lebzeiten, mehr noch aber in unseren Tagen und hier insbesondere in jener amerikanischen Gesellschaft, in der sein Hauptwerk nahezu Kultstatus erlangte, vor allem von Konservativen aller Couleurs zum Vordenker erkoren wurde, und gleichzeitig doch auch bei liberalen Demokraten, neoliberalen Republikanern und mitunter sogar bei der politischen Linken große Aufmerksamkeit fand.

Das zweite große Werk, mit dem er der Gesellschaftstheorie unserer Tage in Erinnerung ist, stellt seine große historische Untersuchung zum *Ancien Régime* und den Folgen der *französischen Revolution* dar.[7] In diesem unvollendet gebliebenen Alterswerk[8] ging es ihm vor allem darum, den Revolutionsmythos, die Legende vom radikalen Bruch mit der Vergangenheit zu relativieren. Anders als etwa Edmund Burke in seiner pessimistischen Einschätzung, und auch anders als Condorcet in seiner optimistischen Deutung der Ereignisse um das Jahr 1789 bemühte sich Tocqueville darin vor allem deren Kontinuität zu betonen. Seiner Meinung nach hatte sich die „Demokratie" in Frankreich bereits lange vor dem Jahr 1789 in Form einer zentralisierten Verwaltung und ihrer Einrichtungen zu etablieren begonnen und damit der Entwicklung der bürgerlichen Gesellschaft erst den Boden bereitet. Der Absolutismus selbst hatte durch Entmachtung des Geburtsadels dem Bürgertum die Tore geöffnet und damit der *égalité des conditions* den Weg geebnet. Keineswegs hätte die Revolution eine *tabula rasa* hinterlassen, wie

7 Vgl.: Tocqueville 1856/1978.

8 Zu Lebzeiten ist nur der erste Band veröffentlicht worden. Der zweite ist Fragment geblieben.

dies von den Jakobinern verlangt worden war. Für Tocqueville steht die Revolution daher weniger am Anfang einer neuen Geschichte, als vielmehr am Ende einer langen Entwicklung, in deren Verlauf das „alte Gebäude" der Aristokratie nicht plötzlich eingestürzt war, sondern lediglich „stückweise gefallen". Die Demokratie ist für ihn nicht in der französischen Revolution erkämpft, sondern die Revolution in der Entwicklung demokratischer Institute vorbereitet worden. All ihre Wesensmerkmale – die Gleichheit der Bedingungen, die zentralisierte Verwaltung, die marktwirtschaftliche Produktionsweise, der Individualismus sowie die Ähnlichkeit und Konformität der Bürger – waren im Prinzip Folgen des Ancien Régime. Die Revolution mußte dann nur noch die „tote Wurzel" der Aristokratie aus dem sozialen Gefüge herausreißen. Religiöse Fragen, etwa die Kontroverse um den christlichen oder antichristlichen Charakter der Revolution, wie sie von Joseph de Maistre vielbeachtet gestellt worden war, hielt Tocqueville dabei für irrelevant. Für ihn hatte die Revolution vor allem eine soziale und politische Umwälzung auf den Punkt gebracht, die der Logik des gesellschaftlichen Fortschritts in ganz Europa bereits seit langem gefolgt war.

II.

Mit beachtlichem Gespür für Details hat Tocqueville seine Thesen immer wieder durch Beispiele aus dem europäischen und dem amerikanischen Ausland belegt. Eine der Errungenschaften, die er der modernen Sozialwissenschaft damit hinterlassen hat, liegt ohne Zweifel in seiner vergleichenden Methode. Und mit ihr hat er als einer der ersten den Umstand betont, dass sich Armutswahrnehmungen von Gesellschaft zu Gesellschaft unterscheiden können, dass „der Bedürftige in England dem Armen in Frankreich und dieser wiederum dem Notleidenden in Spanien fast reich" erscheinen kann[9] und dass damit natürlich auch die Maßnahmen zur Bekämp-

9 „Bei den Hochkulturvölkern ist das Fehlen einer Vielzahl von Dingen der Grund für Armut. Bei den Wilden bedeutet Armut, dass man sich nicht ernähren kann." (im vorliegenden Band S. 19)

fung der Armut von Staat zu Staat, von Gesellschaft zu Gesellschaft andere sein müssten.[10]

Abgesehen von der damit angesprochenen Schwierigkeit jedes Vergleichs, hat Tocqueville damit folgenreich auf die *Relativität* von zuvor für absolut gehaltenen Defizitwahrnehmungen aufmerksam gemacht. Er hat den Begriff der „relativen Armut" vorbereitet, mit dem heute die Situation jener sozial Ausgegrenzten beschrieben wird, die zwar nicht mehr in „absolutem" Elend, aber unter Bedingungen leben, die eben im Vergleich mit denen ihrer sozialen Umgebung als nicht angemessen erscheinen.[11] Und er hat so einen grundsätzlichen Aufmerksamkeitswandel initiiert, der ihn und seine sozialwissenschaftlichen Nachfolger weg von den Versuchen, die „Essenz" sozialer Phänomene herauszuschälen, hin zur Erkundung jener sozialen Bedingungen geführt hat, die dafür sorgen, dass Gesellschaften und ihre Mitglieder Probleme auf eine bestimmte Art und Weise wahrnehmen und sie mithilfe spezifischer „Zuschreibungen" – hier allem voran der der „Armut" – in den Griff zu bekommen versuchen. Tocqueville hat, anders gesagt, der Annahme der Konstruiertheit sozialer Phänomene, wie sie heute zur Lehrmeinung moderner Sozialwissenschaften zählt[12], den Boden bereitet. Er hat dabei allerdings, wie wir im weiteren sehen werden, die Konsequenzen seiner Vorwegnahme aus der Perspektive seiner Zeit selbst nur partikular wahrnehmen können und hat von daher zum einen für grundlegend gehaltene menschliche Eigenschaften und zum anderen auch die Leistungsfähigkeit sozialpolitischer Maßnahmen völlig anders beurteilt, als dies aus heutiger Sicht nahe zu liegen scheint.

---

10 „Wer dächte in einem Land, in dem die meisten Menschen in unzumutbaren Wohnverhältnissen leben, nur unzureichend bekleidet und unterernährt sind, auch nur daran, den Armen saubere Kleidung, gesunde Nahrung und eine bequeme Unterkunft zu geben? Bei den Engländern, wo man mehrheitlich über eben diese Güter verfügt und wo man es als ein schreckliches Unglück ansieht, diese nicht zu besitzen, glaubt die Gesellschaft, jenen zu Hilfe eilen zu müssen, die davon ausgeschlossen sind. Damit heilt sie Missstände, die anderswo nicht einmal als solche wahrgenommen würden." (im vorliegenden Band S.20)

11 Vgl. dazu u.a. Galbraith's (1979: 13) Konzept der „Inselarmut", auch: Sen 1981: 9; Scott 1994: 16f, Krämer 1997.

12 Vgl. nur etwa: Berger/Luckmann 1980, Luhmann 1984, Kukla 2000.

In seinen hier erstmals in deutscher Sprache vorliegenden *Memoires sur le paupérisme* scheint es ihm dabei gar nicht so sehr um das Phänomen „Armut“ selbst gegangen zu sein. Den eigentlichen Gegenstand seiner beiden eher kurzen Denkschriften (von denen die zweite ein Fragment geblieben ist und zu Tocquevilles Lebzeiten nicht mehr veröffentlicht wurde) bilden, wie zumeist in seinen Schriften, die Einrichtungen des demokratischen Rechtsstaates. Ihren Möglichkeiten und Konsequenzen für die moderne Gesellschaft gilt Tocquevilles Aufmerksamkeit, der sozialen Situation seiner Zeit nur dadurch vermittelt. Im ersten seiner beiden Mémoires geht es ihm um den englischen *Poor Law Amendment Act* und seine Folgen und im zweiten um jene „vorbeugenden Schutzmaßnahmen“, die man zu seiner Zeit in Frankreich einsetzte, um den verarmten Industriearbeitern Verantwortungsgefühl und damit Anreize zu geben, sich selbst aus ihrer miserablen Lage zu befreien. Zur Hinführung freilich auf das, was ihm Gegenstand war, griff Tocqueville weit in die Geschichte zurück und rekonstruierte eine Entwicklung, die sich in vielen ihrer Aspekte auch heute noch dazu eignet, grundlegende Annahmen und Aufmerksamkeiten der modernen Armutsforschung zu veranschaulichen.

Da ist zunächst gleich in den ersten Abschnitten der ersten Denkschrift die eindrucksvolle Vorführung der grundsätzlichen Konstruiertheit von Bedürfnissen, die Tocqueville als aufmerksamen Entwicklungstheoretiker ausweisen, gleichzeitig aber auch seinen eigenen Gedanken Prämissen vorgeben, unter denen zentrale Momente davon ihre Widersprüchlichkeit offenbaren.

Tocqueville demonstriert die Relativität von Bedürfnissen an einer frühen Ackerbaugesellschaft, die nun, da sie sesshaft geworden ist und ein Stück Land in Besitz genommen hat, über hinreichend Ressourcen gegen den Hunger verfügt und damit zu erahnen beginnt, „daß die menschliche Existenz noch andere Quellen der Freude zu bieten hat als die Befriedigung der primären und vordringlichsten Bedürfnisse des Überlebens.“[13] Was für diese Gesellschaft einst „arm“ hieß, nämlich die Nichtverfügbarkeit über Le-

13 Im vorliegenden Band S. 12f.

bensmittel, verschiebt sich gerade im Kampf gegen die Knappheit. Indem dieser, d. h. Arbeit, erfolgreich bewältigt wird, stellt sich die Defizitwahrnehmung um. Die Arbeit rückt „andere Quellen der Freude" ins Zentrum und lässt damit neue Wünsche und neue Bedürfnisse auftauchen, die zum Kern jener Vorstellungen werden, an denen sich „Armut" bemisst. Es entstehen Bedürfnisse – Tocqueville nennt exemplarisch etwa den Tabak-Konsum unter amerikanischen Indianern[14] –, die es in dieser Form zuvor nicht gegeben hat, die erst im Versuch, Knappheiten arbeitend zu beheben und Armut zu lindern, entstehen.

Unauflösbar mit dieser Verschiebung der Wahrnehmung verbunden, entsteht Ungleichheit, oder allgemeiner soziale Differenzierung. Zwar ist der Sprung, den Tocqueville in diesem Zusammenhang macht, von der Akkumulation großer Ländereien in der Hand „einzelner Männer" hin zum „Überfluss" an Lebensmitteln und Glücksgütern, einigermaßen strapaziös[15] und lässt viele Details außen vor, die, wer weiß, vielleicht auch ihn selbst zu einer anderen Sicht der Dinge gebracht hätten, hätte er den Sprung weniger hastig vollzogen. Aber die Verwerfungen, die soziale Ungleichheiten nach sich ziehen, und ihre Folgen – Machtkonzentrationen, Kriege, Massenarmut und damit schließlich die Notwendigkeit zur gesetzlichen und politischen Regulierung –, verfolgt Tocqueville konsequent und mit erstaunlichem Weitblick. So muss zum Beispiel die Umsicht beeindrucken, mit der er die Ungleichheit nicht nur an der Verfügbarkeit über materielle Ressourcen festmacht, sondern schon zu seiner Zeit als Informationsvorsprung deutet, als Vorteil jener, die „*wissen*, wie sich im Gefolge von Reichtum und Macht beinahe alle geistigen und materiellen Annehmlichkeiten, die das Leben bietet, in den Händen einer Minderheit konzentrieren lassen".[16]

14 Die Pléiade-Ausgabe weist in einer Fußnote darauf hin, dass der Tabak ein urindianisches Genussmittel sei, dass er mithin kein neues Bedürfnis darstellt und dass insofern das von Tocqueville gewählte Beispiel unglücklich ist, ohne natürlich die Argumentation zu beeinträchtigen (Anm. Michael Tillman).

15 Als einer von vielen Aspekten hätte hier die Aufmerksamkeit von John Locke für das unverderbliche Zahlungsmittel „Geld" und seine Folgen für die „amor sceleratus habendi", für das Begehren nach immer größerem Besitz, vermutlich andere Akzente gesetzt. Vgl. dazu: Füllsack 2006: 170f.

16 Im vorliegenden Band S. 12, kursiv MF.

Freilich ist aus heutiger Sicht schon in diesem Zusammenhang nicht zu übersehen, wie sehr auch Tocqueville dazu neigt, den Idealisierungen seiner Zeit aufzusitzen. Der Mythos einer in ferner Vorzeit und in glorreicher Zukunft, und nur dazwischen nicht, egalitären Gesellschaft, die paradiesische Ur-Erzählung also, nach der sich der soziale Anfang harmonisch und ohne Armut gestaltete und die Gesellschaft nun seitdem darauf wartet, nach Abbüßen ihrer Erbsünde, wieder zusammenzufinden, in jener Versöhnung, die dann im Marxismus so folgenreich hypostasiert wurde, findet auch bei Tocqueville reichlich Nahrung.[17] Und sowohl „jene Art tumben Glücks", das die besitzlosen Landarbeiter zunächst noch von den wirklich Armen, den „doppelt freien" Proletariern der neuen Industriearbeit unterscheiden soll, wie auch auf der anderen Seite der „ererbte Müßiggang" und der „immense, gewohnheitsmäßig angestammte und gesicherte Überfluß" der Aristokratie, auch wenn er – ebenfalls unverkennbar aus der Perspektive des Nachgeborenen – relativiert wird, müssen aus heutiger Sicht wohl als deutlich aus der Zeit heraus begründete Simplifizierungen gelesen werden, die Tocqueville seine Geschichte so sehen ließen, wie er sie *in* seiner Geschichte eben sehen konnte.

Beeindruckend nichtsdestotrotz sein Gespür für die Dialektik der Differenzierung, die aus sich heraus stets Impulse zur weiteren Differenzierung erzeugt. Nicht nur auf Seiten derer, „die den Boden bestellten, ohne ihn zu besitzen", auch auf Seite derer, „die den Boden besaßen, ohne ihn zu bestellen" übersieht er nicht die beständig neu entstehenden Knappheiten, die zu unterschiedlichsten Unternehmungen veranlassen, diese zu beheben. Allem voran wird damit deutlich, wie in diesem Zusammenhang viele, die „zuvor auf dem und vom Ackerland lebten", nun die Felder verlassen und ihr Glück in den Städten, und damit nicht zuletzt in der Industrie zu suchen beginnen.

17 Vgl. u.a. S. 13: „Die Wilden sind untereinander gleich, weil sie alle gleichermaßen schwach und unwissend sind. Die Kulturmenschen können einander gleich werden, weil ihnen allen ähnliche Möglichkeiten zur Verfügung stehen, Wohlstand und Glück zu erreichen."

Die damit neu entstehende „industrielle Klasse“ verliert die Sicherheit ihrer ursprünglichen Einkommensquelle und sieht sich stärker als ihre historischen Vorläufer, die Bauern, den für die neuen Verhältnisse typischen „abrupten und nicht beeinflußbaren Schicksalsschlägen ausgesetzt“.[18] Da der Industriearbeiter mit dem „Kreis seiner Freuden [...] auch den Kreis seiner Bedürfnisse erweitert“ und nun also ganz andere Knappheiten wahrnimmt, als in Zeiten seiner Verbundenheit mit dem Land, da gleichzeitig dabei seine Klasse unablässig anwächst und sich auch deren Bedürfnisse weiterhin diversifizieren, steht das „Proletariat“ als erste historische Klasse der Armut nun ungeschützt gegenüber – einer Armut freilich, an deren Entstehung diese Klasse selbst nicht unbeteiligt ist.[19]

III.

Tocquevilles Überlegungen und Aktivitäten zur Lösung des Armutsproblems im beginnenden Industriezeitalter sind dabei vielschichtig und ambivalent.

In seinen Studien zur Demokratie in Amerika setzt er noch vorrangig auf die Dynamik der Demokratie, die, wie er meint, auf längere Sicht eine ausgleichende Mittelschicht zwischen die Extreme von arm und reich schieben wird.[20] Noch bevor das Wort „Klasse“ zu einem Kampfbegriff sozialen Aufbruchs wird, antizipiert er in diesem Zusammenhang übrigens jene moderne Klassenlosigkeit, in der soziale Lagen nur mehr von kurzfristigem Bestand sind (sie „entstehen täglich“), und gerade deswegen, obwohl für „Gleichheit der Bedingungen“ gesorgt ist, niemand mehr dauerhaft vor den Unbilden des sozialen Abstiegs gefeit ist. Die „zahllosen geheimen Fäden“, mit denen Tocqueville die Gesellschafter in das Netzwerk ihrer Abhängigkeiten eingewoben sieht und bei denen der heutige Leser wohl schnell an Share-holder-Beteiligungen und weltweite Wirtschaftsverflechtungen denkt, sorgen dafür, dass die Armut ihren Klassencharakter allmählich verliert.

18 Im vorliegenden Band S. 18.

19 Vgl. im vorliegenden Band S.19.

20 Vgl. zu dieser These positiv u.a. Schelsky 1953/1965, und negativ: Balzer 1996.

„Ich weiß wohl“, schreibt Tocqueville in seinem Frühwerk[21], „daß man in einem großen demokratischen Volke immer sehr arme und sehr reiche Bürger findet; statt daß die Armen aber die gewaltige Mehrheit des Volkes bilden, wie es in aristokratischen Gesellschaften immer geschieht, ist ihre Zahl klein, und das Gesetz hat sie nicht durch die Fessel eines unheilbaren und vererbten Elends zusammengekettet. Die Reichen ihrerseits sind dünn gesät und machtlos; sie besitzen keine Vorrechte, die die Aufmerksamkeit auf sich ziehen; ihr Reichtum selbst, der nicht im Bodenbesitz verkörpert und durch ihn dargestellt wird, ist ungreifbar und sozusagen unsichtbar. So wie es keine Geschlechter von Armen mehr gibt, so sind auch keine Geschlechter von Reichen mehr da; diese entstehen täglich aus der Mitte der Masse und kehren fortwährend dorthin zurück. Sie bilden also nicht eine Schicht für sich, die man leicht bestimmen und ausplündern kann; da sie durch zahllose geheime Fäden mit der Masse ihrer Mitbürger verbunden sind, kann das Volk gegen sie keinen Schlag führen, ohne sich selber zu treffen. Zwischen den beiden äußersten Grenzen der demokratischen Gesellschaft lebt eine unübersehbare Menge fast gleicher Menschen, die, ohne gerade reich oder arm zu sein, genug besitzen, um Ordnung zu ersehnen, und nicht genug, um Neid zu erregen.“

Durch seine Demokratiestudien berühmt geworden, engagierte sich Tocqueville in späteren Lebensjahren zunehmend in der Politik und beginnt sich infolge auch mit realpolitischen Lösungsmöglichkeiten der Armutsfrage auseinander zu setzen. Wohl in Folge seiner Amerika-Erfahrungen setzt er dabei zunächst eher auf liberale Selbstheilung durch Differenzierung und studiert unter diesem Blickwinkel die staatlich reglementierte Armenfürsorge, wie sie in England schon etabliert ist. Dies allerdings zunächst nur, um sie abzulehnen. Am Vorabend des Revolutionsjahres 1848 tritt er dann, nach Lektüre linker Autoren wie Saint-Simon, Fourier, Owen oder Luis Blanc, als Abgeordneter plötzlich im *Chambre des députes* für ein umfassendes Sozialprogramm ein, das ihn die Allianz mit den Sozialisten und radikalen Republikanern suchen lässt. Auch in diesem Kontext bleibt seine Haltung allerdings ambivalent und durch politische Tagesgeschäfte beeinflusst.[22] Schon kurze Zeit nach die-

21 Tocqueville 1987, I: 371.

22 Verschiedentlich ist Tocqueville diesbezüglich ein widersprüchliches sozialpolitisches Profil konstatiert worden (vgl.: Drolet 2003) und ein deutliches Auseinanderklaffen von theoretischer Analyse und politischer Praxis (Geiss 1972: 21).

sem Engagement stimmt er als Abgeordneter der Ordnungspartei wieder eifrig gegen soziale Maßnahmen wie Arbeitszeitbegrenzungen, progressive Besteuerung oder Steuererleichterungen für Bedürftige.

Die beiden Denkschriften zur Armutsfrage stammen jedoch noch aus der Zeit kurz nach Erscheinen des ersten Bandes der Demokratie in Amerika. In ihnen unternimmt Tocqueville nicht zuletzt für sich selbst – die zweite Denkschrift bleibt, wie gesagt, unveröffentlicht – den Versuch, die Möglichkeiten und Bedingungen einer staatlich reglementierten Armutsfürsorge zu klären. Er orientiert sich dazu insbesondere an jenem Land, in dem, wie er meint, die Armut verbreiteter sei als im Rest der Welt, weil dort auch „die Annehmlichkeiten, auf die ein Mensch in seinem Leben hoffen darf, im Durchschnitt höher [sind] als in jedem anderen Land der Welt“[23] und in dem als einzigem in Europa die öffentliche Armenhilfe auch systematischer Aufmerksamkeit seitens der Regierung unterliegt, nämlich an England.

Als Kontrastfolie seiner Überlegungen dient ihm dabei die entwicklungsgeschichtlich ältere „Privattugend“ einer über christliche Nächstenliebe und deren Institute versicherten *individuellen* Armenfürsorge, die sich, wie er meint, „dem gesellschaftlichen Tätigkeitsbereich entzieht“[24] und die für ihn im Prinzip so alt ist, wie die Versuche der Menschheit selbst, ihre Bedürftigkeiten zu regeln. Diese Form der Sozialhilfe weist seiner Meinung nach die intrinsische Dialektik nicht auf, die er in der staatlich reglementierten dafür verantwortlich hält, dass sich die Armut perpetuiert. Ihr Problem ist nur die grundlegende Unkalkulierbarkeit, die Kontingenz der modernen Bedingungen, unter denen es, so ist er überzeugt, unvorsichtig wäre, wollte man sich auf die individuelle Bereitschaft zur Almosengabe verlassen. „Denn unzählige Zufälle können sie aufhalten oder ihren Fortgang behindern. Man weiß nicht, wo sie zu finden ist und nicht alle Schmerzensschreie dringen zu ihr.“[25]

23 Im vorliegenden Band S. 20.

24 Im vorliegenden Band S. 21.

25 Im vorliegenden Band S. 38.

Aus diesem Grund muss die Versorgung der Armen *nolens volens* gesellschaftlich reguliert und gewährleistet werden, und das heißt in der Moderne eben vom Staat. Und dies auch dann, wenn in dieser Moderne gesehen werden kann, welch kontraproduktive Konsequenzen diese Staatlichkeit hat.

Auffallend zunächst, wie scharf Tocqueville dabei den Trennstrich zwischen der von ihm noch dem Privatbereich zugerechneten kirchlichen und klösterlichen Armutsfürsorge und der staatlich reglementierten Sozialpolitik zieht. Aus heutiger Sicht ließe sich fragen, ob die Auflagen der Kirche vormodernen Gesellschaftern nicht ähnlich bindend erschienen, wie die des Staates in der Moderne. Für Tocqueville freilich ist die neue staatliche Ordnung noch die *differentia specifica* seiner Zeit, das Instrument jener aufgeklärten Gesellschaft, die ihre Bedürftigkeiten eben nicht mehr im unreglementierten Chaos privater Interessenslagen zu ordnen versucht. Für ihn besteht grundsätzlich kein Zweifel an der ideellen Größe, die das im Protestantismus vorbereitete Unternehmen auszeichnet, die Behebung von Bedürftigkeiten durch geregelte Umverteilung der Gesellschaft als Ganzer zu überantworten. Allein die Durchführung dieser nun staatlichen Sozialpolitik bereitet ihm Kopfschmerzen – und diese befähigen ihn offensichtlich, zentrale Probleme des modernen Sozialstaates mit großem Gespür für die Dialektik reglementierender Organisation zu antizipieren.

Da ist zunächst jene Verstrickung etwa von englischen Produzenten mit indischen Konsumenten[26], die heute wohl unter dem Begriff Globalisierung gefasst würde, und die schon Tocqueville dazu veranlasst, den englischen Industriearbeiter und mit ihm die entwurzelten Landarbeiter, die seine Reihen füllen, wie keine andere Klasse zuvor als von den „Unwägbarkeiten des Schicksals" betroffen zu sehen. Weitblickend sind es für ihn dabei vor allem die Handelskrisen, die die Industrie von den „Launen und den Bedürfnissen ausländischer, d.h. weit entfernter und oftmals fast unbekannter Nationen"[27] abhängig machen und für jene Kontin-

26 Im vorliegenden Band S. 24.

27 Im vorliegenden Band S. 50.

genz sorgen, in der globale Ursache-Wirkungs-Bezüge intransparent werden, und die den von ihr Betroffenen jegliche Möglichkeit raubt, ihre Risiken abzuschätzen und ihr Leben zu planen.[28] Zwar geht Tocqueville dabei noch nicht auf die Probleme ein, die diese Verstrickung für staatliche Sozialpolitik bedeuten. Er sieht aber den Industriearbeiter deutlich bereits als Knotenpunkt eines Wirkungszusammenhangs, der nicht mehr nur innerhalb nationalstaatlicher Grenzen gefasst werden kann.

Ebenso zielsicher markiert er einen der wohl populistischsten Vorwürfe, die sozialstaatlichen Maßnahmen zur Bekämpfung von Armut gemacht werden, und die auch heute noch in nahezu jeder sozialpolitischen Diskussion ihren Platz findet[29]: die Gefahr nämlich, dass der staatlich reglementierte Anspruch auf gesellschaftliche Unterstützung zum Missbrauch einlädt, dass, anders gesagt, nicht nur die tatsächlich Bedürftigen und Notleidenden darauf rekurrieren können, sondern auch diejenigen, die der Unterstützung eigentlich nicht bedürfen und nur einfach nicht selbst für ihr Auskommen sorgen wollen.

Dieser notorische „Sozialschmarotzer-Vorwurf" steht bei Tocqueville dabei im Kontext einer noch viel verbreiteteren und populäreren Annahme, die wie keine andere auch heute noch immer wieder ins Rennen geführt wird, um universalistische sozialpolitische Maßnahmen zu diskreditieren. „Der Mensch hat", so schreibt er[30], „wie alle Lebewesen eine natürliche Neigung zur Faulheit".

---

28 Sogar ein Hauch von Fukuyamas „Geschichtsende" scheint gelegentlich schon durch Tocquevilles Globalisierungsantizipationen zu wehen, wenn er etwa schreibt: „Die Welt bewegt sich allem Anschein nach auf einen Punkt zu, wo die Nationen alle in etwa gleichem Maße entwickelt oder – anders ausgedrückt – sich einander so ähnlich sein werden, daß eine Unmenge von Dingen, die für sie angenehm und notwendig sind, von ihnen hergestellt werden können. Dadurch werden die Krisen seltener und weniger schlimm sein. Diese Zeiten sind allerdings noch in weiter Ferne." (S. 50)

29 Vgl. u.a.: Wogawa 2000, Schäfer 2002. Vgl. auch die Diskussionen um den Bericht des Bundesministeriums für Wirtschaft und Arbeit „Vorrang für die Anständigen – Gegen Missbrauch, ‚Abzocke' und Selbstbedienung im Sozialstaat. Ein Report vom Arbeitsmarkt im Sommer 2005", und als Reaktion etwa: „Hartz IV: Anleitung zum Missbrauch" in: FOCUS 44/2005, S. 48 ff.

30 Im vorliegenden Band S. 25.

Tocqueville schließt, wie eingangs erwähnt, aus dieser „natürlichen Neigung zur Faulheit“, dass der Mensch, so er die Möglichkeit hat von staatlicher Fürsorge zu leben, diese auch eher in Anspruch nehmen wird, als sich selbst zu versorgen. Die Missbrauchsmöglichkeiten der staatlichen Armenhilfe führen seiner Meinung nach dazu, dass auch diejenigen Armen, die sich eigentlich aufgrund ihrer Lage und Konstitution selbst helfen könnten, arm bleiben, sich in ihr Schicksal einfinden und sich mit den Unterstützungen arrangieren, die ihnen der Staat gewährt. Die Armut verstärkt sich zusätzlich selbst, weil die Anreize vernichtet werden, sich daraus zu befreien.

IV.

Die These von der „natürlichen Neigung zur Faulheit“ kommt allerdings, wie schon erwähnt, bei Tocqueville im Kontext einer wachen Aufmerksamkeit für die Relativität sozialer Zuschreibungen zu stehen. Angesichts dieses Umstandes scheint es angebracht, diese These ausführlicher auf ihre Haltbarkeit hin zu überprüfen.

Skepsis könnte die These schon deswegen verdienen, weil sie so weit verbreitet ist und bis zu einem gewissen Grad vielleicht auch von Alltagsintuitionen gestützt wird – von Intuitionen freilich, die sich aus einer für viele nicht sonderlich befriedigenden Arbeitssituation nähren. Der Mensch sucht – so die Annahme – wo er kann, Arbeit zu meiden. Würden ihn seine Bedürfnisse nicht zwingen, so würde er keiner weiteren Arbeit mehr nachgehen. Tocquevilles eigener Rückgriff auf den „Ursprung der menschlichen Gesellschaften“ scheint diese Annahme zu stützen.

„Da sind sie, die Menschen, wie sie sich zum ersten Mal versammeln. Sie verlassen die Wälder, sie sind noch Wilde; sie vereinigen sich nicht mit dem Ziel eines angenehmeren Lebens, sondern schlicht um ihr Überleben zu sichern. [...] Und wenn sie dies erst ohne Mühe erlangt haben, sind sie es zufrieden und schlafen in dumpfem Wohlbefinden ein.“[31]

31 Im vorliegenden Band S. 11.

Was Tocqueville hier beschreibt, ist der weitgehend statische Zustand des unmittelbaren Überlebens, den er selbst freilich schon im nächsten Absatz relativiert, indem er ihm Entwicklung gegenüberstellt, die Entwicklung nämlich von nomadisierenden Jägern und Sammlern zu ackerbauenden Landbesitzern, welche nun „da ihr Überleben also gesichert ist“, zu erahnen beginnen, „daß die menschliche Existenz noch andere Quellen der Freude zu bieten hat als die Befriedigung der primären und vordringlichsten Bedürfnisse des Überlebens.“[32]

Noch bevor die Aufmerksamkeit hier auf die schon angesprochene Verschiebung der Bedürfnisse fällt, stellt sich anhand Tocquevilles eigenem Beispiel die Frage, wo denn der Impuls für die Entwicklung vom urzeitlichen Jäger zum Landwirtschaft treibenden Ackerbauern herkommen soll, wenn die Menschen von Natur aus „faul“ wären und sich, sobald die grundlegendsten Überlebensnotwendigkeiten erfüllt sind, sofort mit „dumpfem Wohlbefinden“ zufrieden gäben. Warum sollten denn die Menschen jemals die Mühen auf sich genommen haben, die, wie etwa die Rodung von Feldern, die Sammlung und Systematisierung von Samen, die Aufmerksamkeit für Ernte- und Saatzeiten, damit verbunden für Wetter und Klimabedingungen, für Bodenbeschaffenheiten und vieles mehr, der Möglichkeit zum Ackerbau unausweichlich vorangehen? Warum sollten sie jemals mehr und anderes zu tun begonnen haben, wenn auch das bloße Sammeln und gelegentliche Jagen offensichtlich schon genügte, um ihnen Überleben über Jahrtausende hinweg zu gewähren?

Tocqueville lässt diese Frage unbeantwortet. Seine Überlegungen aber legen aktuellen Erkundungen zur Arbeit und zur sozialstaatlichen Organisation jener Knappheiten, die sie erzeugt, eine weitreichende Spur, auch wenn diese von ihm selbst noch nicht mit hinreichender Konsequenz verfolgt werden konnte. Ihre Konturen offenbart diese Spur gerade angesichts der von Tocqueville hellsichtig markierten Eigenschaft menschlicher Bedürfnisse, sich im Verlauf der Versuche sie zu befriedigen grundlegend zu verändern,

---

32 S. 12.

und zwar so grundlegend, dass sich damit auch die Versuche und Unternehmungen zur Befriedigung der Bedürfnisse, das heißt also die menschliche Arbeit selbst, tiefgreifend verändern, sich weiterentwickeln, sich differenzieren und spezialisieren. In dieser Veränderung sieht sich auch die Auffassung, dass Menschen aufgrund ihrer Natur zur Faulheit neigen, ebenso wie das Bild von Armut einer fortlaufenden Umschreibung ausgesetzt, die Tocquevilles Überlegungen tiefgreifend relativieren.

Betrachten wir, um dies deutlich zu sehen, kurz die Eigenschaft von Arbeit etwas näher, sich im Zuge ihres Stattfindens zu differenzieren, und behalten wir dabei einen Aspekt im Auge, der mit Armut einiges zu tun hat, den wir hier zunächst aber etwas abstrakter und damit vielleicht wertfreier fassen – den, vor allem von der Ökonomie herausgestellten Aspekt der Knappheit.

Arbeit, so lässt sich annehmen[33], dient grundsätzlich der Beseitigung von Knappheiten, die von dem, der arbeitet, als solche wahrgenommen werden. Wer arbeitet, sucht eine spezifische, von ihm empfundene Knappheit zu reduzieren. Er will, was ihm gerade als knapp erscheint, unter Nutzung vorhandener Ressourcen erarbeiten, ohne dabei freilich, so würde man jedenfalls meinen, diese Ressourcen selbst in einer Weise zu exploitieren, die dann ihrerseits Knappheiten zum Vorschein bringt. Genau dies ist aber das zentrale Problem jeglicher Arbeit. Denn Arbeit kann gar nicht anders, als sich selbst und damit die Wahrnehmung von Knappheiten im Zuge ihres Stattfindens zu verändern.

Es hilft, sich diesen Umstand, dem Beispiel Tocquevilles folgend, zunächst an sehr einfachen sozialen Bedingungen vor Augen zu führen. Die Arbeit von stammesgesellschaftlichen Jägern zum Beispiel dient wohl primär dazu, Nahrungsmittelknappheiten zu beheben, und nutzt dazu die Arbeitskraft dieser Jäger. Genau dadurch rückt allerdings nun diese, beziehungsweise ihre spezifischen Potentiale, als knapp ins Blickfeld und wird damit zum Gegenstand von Arbeitsaktivitäten. Der Ethnologe Stanley H. Udy[34]

33 Vgl. grundlegend dazu im Sinne des Folgenden: Luhmann 1988: 210ff.

34 Vgl.: Udy 1959.

hat diesbezüglich zum Beispiel die Funktion spezifischer Rituale in Stammesgesellschaften beschrieben, mittels deren die Jäger, weil ihnen bei der Jagd auf wilde, gefährliche Tiere ein erhöhter Adrenalinspiegel zugute kommt, auf die Jagd vorbereitet und nach ihr, weil dieser Adrenalinspiegel den Umgang mit anderen Stammesmitgliedern, mit Frauen oder Kindern zum Beispiel, stört, wieder „abgekühlt" werden – mittels deren also, anders gesagt, an den Bedingungen der Möglichkeit der Jagd, sprich an der Beseitigung einer spezifischen Knappheit – hier der eines arbeitskraftsteigernden Aggressionspotentials – gearbeitet wird. Auch diese Arbeit – also etwa die von speziell abgestellten Zeremonienmeistern, die die Jagd mit aufputschenden oder beruhigenden Ritualen „flankieren" – bringt dabei, dies ist die Crux der Überlegung, unweigerlich selbst Knappheiten zum Vorschein – zum Beispiel die eines für die entsprechenden Zeremonien geeigneten Ortes, einer Kultstätte, vielleicht gar eines Jagdtempels etc., oder vielleicht mit größerer Tragweite noch solche der Bildung allgemein, wie sie dann später im Kontext der Berufsarbeit wichtig werden.[35]

Entscheidend ist, dass im Zuge dieser Entwicklung nicht eine Knappheitswahrnehmung – die der Jäger – durch eine andere – die der Zeremonienmeister – abgelöst wird, sondern dass sich die Knappheitswahrnehmung der Gesellschaft differenziert und selbst damit noch erneut neue Knappheiten generiert, nämlich nun die „integrativer Maßnahmen", die die Möglichkeit bieten, mit den Unterschieden der Knappheitswahrnehmungen einer nun arbeitsteilig an ihren Problemen arbeitenden Gesellschaft zurecht zu kommen. Als eine solche „integrative Maßnahme" lässt sich – dies mag vielleicht zunächst irritieren – das uralte Unternehmen ansehen, Gesellschaftsmitglieder oder Gesellschaftsteile als „arm" zu bezeichnen. Die historische Armutsforschung führt dies anhand der Geschichte des Verhältnisses von „arm" und „reich" anschaulich vor Augen.

Schon zu Zeiten des frühen Christentums war die soziale Struktur Europas von einer deutlichen Polarisation Besitzender und Nichts- oder Wenig-Besitzender geprägt, und damit von sehr unterschied-

35 Vgl. zu diesen Überlegungen ausführlicher: Füllsack 2006: 23f.

lichen Wahrnehmungen dessen durchzogen, was den einzelnen Gesellschaftsteilen jeweils als knapp galt. Trotzdem wurde Armut, so wird vielfach betont[36], nicht im heutigen Sinn als soziales Problem wahrgenommen. In Zeiten von Missernten oder ökonomischen Krisen galt sie zwar als Ordnungsrisiko. Niemals stand dabei aber in Frage, dass sie im Prinzip unvermeidbar war. Armut wurde, wie dies auch bei Tocqueville noch an manchen Stellen anklingt, als „natürliches Übel" gesehen, das zwar unangenehm war, im Grunde aber, da nicht zu beseitigen, nicht gegen gesellschaftliche Normen verstieß. Im Gegenteil, in vielen Hochreligionen, allen voran im Juden- und Christentum, wurde die Armut sogar als sozial deutlich höher gewerteter Daseinszustand geschätzt. Der Verzicht auf diesseitige Güter, das Entsagen materieller Werte, die Askese schlechthin, wurden als Ausdruck der Hinwendung zu Gott wahrgenommen.[37] Nach dem Vorbild der Armut Christi stellte diese Haltung den direkten, weil tugendhaften Weg zur Erlösung bereit.

Das Akkumulieren von Reichtümern dagegen wurde sozial deutlich geringer geschätzt. Die Reichen mußten ihre Erlösung durch das Geben von Almosen erkaufen. Sie mußten die Armen unterstützen. Anders hatten sie keinen Zugang zum Himmelsreich. Die Armen musste es also geben, weil sonst die Reichen keine Chance auf Erlösung hatten, und es konnte sie nur geben, wenn sie versorgt wurden.[38] Armut war in diesem Sinn für die Gesellschaft funktional.[39]

36 Vgl. u.a. Nisbet (1971: 2), der schreibt: "Even in Western civilization poverty, as a condition affecting large numbers of persons, was not regarded as a social problem until perhaps a century and a half ago. Poverty was regarded as a built-in, inevitable, and ineffaceable part of the human condition." Wilson (1987: 165) zeigt zum Beispiel für die USA, dass Armut erst ab Ende des Sezessionskriegs als eigenständiger Themenbereich im amerikanischen Bewusstsein auftaucht. Vgl. dazu u.a. auch: Pinker 1992: 124.

37 Vgl. Geremek 1997: 7.

38 Vgl. dazu etwa Francis Bacon, der noch schreiben konnte: "Of great riches there is no real use, except it be in the distribution; the rest is but conceit." Bacon, Francis (1895): Of Riches; in: Selby, F.G. (ed.): Essays. London 1895, S. 90-93.: 91, zit. nach: Luhmann 1988: 154.

39 Wenig verwunderlich daher, dass die gesellschaftliche Aufmerksamkeit für das Phänomen Armutsfürsorge zunächst primär auf die Geber gerichtet war, was allerdings gerade dadurch die Armutsproblematik im Laufe der Zeit entsprechend verschärfte. Vgl. Simmel 1908/1982: 348: „Als Jesus dem reichen Jüngling sagte: schenke deinen Besitz den Armen, kam es ihm ersichtlich auf die Armen gar nicht an, sondern nur auf die Seele des Jünglings, zu deren Heil jener Verzicht das bloße Mittel oder

In der Differenzierung ihrer sozialen Positionen, in der Verschiedenheit ihrer Knappheitswahrnehmungen und den davon bedingten Problemlösungsaktivitäten konnte sie ihr steigendes Desintegrationsrisiko abmildern, indem sie einer sozialen Gruppe das Attribut „arm und damit für Erlösung auserkoren" und einer anderen das Attribut „reich und damit zur Unterstützung der Armen verpflichtet" zuschrieb und so umverteilenden Interaktionen zwischen diesen Gruppen, nämlich der vorwiegend noch in Form von Naturalien stattfindenden Almosengabe, eine bestimmte Wahrscheinlichkeit gab.[40] Sie konnte mithilfe der Zuschreibungen „arm" und „reich" (aber selbstverständlich nicht nur damit) ihre unterschiedlichen Knappheitswahrnehmungen überbrücken und das damit unweigerlich verbundene Risiko des sozialen Zerfalls reduzieren. Sowohl die Armen wie auch die Reichen hatten ihr gottgewolltes Schicksal daher mit Demut zu tragen. Armut war kein soziales Problem, sondern ein gesellschaftsstabilisierendes Element.[41]

V.

Je besser dieses Element allerdings funktionierte, je besser die Gesellschaft dadurch mit den Folgen ihrer Differenzierung zurande kam, desto bessere Bedingungen fand sie vor, ihre Unternehmungen zur Behebung von Knappheit, sprich ihre Arbeit, weiter zu führen und dabei unweigerlich auch weiter zu differenzieren. Mit der Prosperität der Arbeit verdichteten sich zum Beispiel Handel und Geldwirtschaft im Mittelalter und in Folge dieser Intensivierung formten sich Städte. Schon die Geldwirtschaft trieb aber einen nachhaltigen Keil zwischen Arme und Reiche, indem sie die Al-

---

Symbol ist. Das spätere christliche Almosen ist desselben Wesens: es ist nichts als eine Form der Askese, oder ein ‚gutes Werk', das das jenseitige Schicksal des Gebers verbessert. Das Überhandnehmen des Bettelns im Mittelalter, die Sinnlosigkeit in der Verwendung der Gaben, die Demoralisation des Proletariats durch die wahllosen, aller Kulturarbeit entgegenwirkenden Spenden – dies ist gleichsam die Rache des Almosen für das rein subjektivistische, nur den Geber aber nicht den Empfänger berücksichtigende Motiv seiner Bewährung."

40 Zum Almosengeben als Statussymbol, das Standesunterschiede verdeutlicht, vgl. u.a. Luhmann 1995: 139. Zur „Wahrscheinlichkeit" sozialer Interaktionen vgl. u.a. Füllsack 2006: 39f.

41 Geremek 1997: 20f.

mosen von Naturalien auf Geld umstellte und so die Inklusion der Armen in die Haus- und Hofgemeinschaften auflöste und den Armen damit wichtige soziale Kontakte nahm.[42] Die Entstehung der Städte verstärkte diese Differenzierung. In ihnen begann sich ein schnell reich werdendes Bürgertum und eine ebenfalls schnell anwachsende Masse von Armen, die durch die Erbzerstückelung ihrer agrarischen Nutzflächen zur Landflucht gezwungen wurden[43], in unterschiedlichen Stadtteilen, in reicher Innenstadt etwa und armer Peripherie, immer deutlicher als Problem und nicht mehr als Lösung gegenüber zu stehen. In ihrer schnell wachsenden Zahl konnten die Armen nicht mehr „übersehen" werden[44], und die Möglichkeiten der Reichen, ihre Position durch die Vergabe von Almosen zu legitimieren, stießen an ihre Grenzen. Das bis dahin „positiv" besetzte Armutsbild begann sich zu wandeln.[45]

Da freilich die christliche Pflicht Almosen zu geben zunächst weiterbestand[46], war aus Sicht der Empfänger ein Lebensentwurf als Bettler keineswegs unattraktiv und ein Auskommen am unteren Ende der sozialen Skala nicht grundsätzlich unmöglich. Auch dies ließ die Zahl der Bettler unter den ihre ländliche Existenz zurücklassenden Wanderarbeitern anwachsen und zog damit die Notwendigkeit nach sich, das städtische Bettelwesen unter Kontrolle zu bringen. Seit dem Spätmittelalter wurde es Bettlern auferlegt, ein von den Städten verliehenes Bettlerzeichen, eine Lizenz zum Betteln zu tragen.[47] Gleichzeitig wurden Armenhäuser, Hospitäler und karitative Einrichtungen gegründet und restriktive städtische Armenverordnungen erlassen.[48] Ehemals kirchliche Einrichtungen wurden von bürgerlichen Institutionen übernommen.[49] Die Armen-

42 Vgl. Stichweh 2001: 21.

43 Vgl. Mollat 1984: 216; Kronauer 1998: 16.

44 Vgl. Braudel 1985: 71.

45 Damit verbunden wandelten und verbreiteten sich die lateinischen Begriffe „pauper" und „paupertas" und etablierten sich als Wortstamm in einer Vielzahl von europäischen Sprachen. vgl. Mollat 1984: 9f.

46 Vgl. Geremek 1997: 17.

47 Vgl. Oexle 2000.

48 Vgl. Dietz 1997: 31.

49 Vgl. Bienvenu 1974: 565, Fischer 1982: 32, Geremek 1997: 23.

fürsorge wurde säkularisiert, reglementiert, zentralisiert und institutionalisiert.

Und genau dies bot die Möglichkeit, das nun zunehmend als ökonomische Belastung empfundene christliche Bild der „guten“ Armen und der sie unterstützenden Reichen allmählich auf andere Zuschreibungen umzustellen. Da die in den Städten betriebenen Manufakturen und Industrien schnell enormen Bedarf für Arbeitskräfte entwickelten, lag es nun nahe, die zahlenmäßig deutlich wachsende Gruppe der Armen anhand von Kriterien wie „arbeitsfähig“ oder „nicht arbeitsfähig“, beziehungsweise im weiteren „arbeitsam“ oder „faul“ zu unterscheiden.[50] Die beginnende Neuzeit ging daran, administrativ zwischen „würdigen“ und „unwürdigen“ Armen, zwischen solchen, die „unschuldig arm“ waren, und solchen, die an ihrer Lage selbst schuldig schienen, zu differenzieren.

Ein frühes Beispiel für die damit in die Wege geleitete Assoziation von Armut und Faulheit (das freilich auch noch die christliche Universalverortung der *acedia* als eine der sieben Todsünden durchahnen lässt) liefert die 1516 erschienene Schrift *Utopia* von Thomas Morus, in der gleichermaßen gegen die Adeligen polemisiert wird, die „müßig wie die Drohnen von anderer Leute Arbeit leben“, wie gegen die „kräftigen und gesunden Bettler, die alle möglichen Krankheiten zum Vorwand ihres Müßiggangs nehmen“.[51] Analoge Beispiele aus Tocquevilles Zeit liefern etwa die Überlegungen des Populationstheoretikers Thomas Robert Malthus, der gegen die staatliche Armutspolitik in England die Befürchtung ins Feld führte, dass die Armen nicht mehr so hart und fleißig arbeiten würden, sobald sie vom Schmerz und von der Angst, ihre Kinder würden verhungern, befreit wären; oder etwa die des englischen Puritaners Thomas Carlyle, der die arbeitenden Menschen zu einem regelrechten Feldzug gegen den „Erzfeind Selbstsucht und Müßiggang“ aufrief und einen Tag heraufkommen sah, „an dem der, welcher keine Arbeit hat, es nicht für geraten halten wird, sich in unserem

50 Vgl.: Luhmann 1988: 151f, Katz 1989: 10.

51 Morus 1516/1976.

Bereich des Sonnensystems zu zeigen, sondern sich anderwärts umsehen mag, ob irgendwo ein fauler Planet sei".[52]

Als eine der aus heutiger Sicht augenfälligsten Folgen dieser weittragenden Assoziation von Armut und Faulheit entstanden die berüchtigten Arbeitshäuser, wie sie in England etwa mit Einführung der *Poor laws* und in Frankreich zum Beispiel 1656 in Form der *Maisons de force* gegründet wurden.[53] In ihnen wurden die Gemaßregelten, von der Außenwelt isoliert und eines Teils ihrer bürgerlichen Rechte, etwa ihres politischen Stimmrechts beraubt[54], mitunter quälenden und bizarren Prozeduren unterzogen, die sie an Arbeit gewöhnen sollten.[55] Gleichermaßen als Bestrafungs- und Erziehungsmaßnahme gedacht, erfüllten diese Einrichtungen allerdings auch Funktionen der Armenfürsorge[56] und der administrativen Erfassung, und ließen sie so zu institutionellen Vorläufern der späteren Sozial- und Arbeitsämter werden.[57] In ihrer Obhut konnten die Gemaßregelten im Hinblick auf ihre „ökonomische Nützlichkeit" vorbehandelt und damit als potentielle Arbeitskräfte markiert werden[58], und gleichzeitig ließ sich so das mit der Massenarmut steigende Risiko sozialer Desintegration unter Kontrolle halten.[59]

Der Armutsbegriff freilich verschob sich damit noch weiter in Richtung der Kategorie Arbeit. Mit zunehmender Aufmerksamkeit

52 Carlyle, Thomas (1896-1899): Collected Works of Thomas Carlyle in 31 Volumes. Edited by H. D. Traill. London (Chapman and Hall), zit. nach: Füllsack 2002: 46.

53 Treiber / Steinert 1980, auch: Braudel 1985: 72.

54 Vgl. Marshall 1992: 59.

55 In Armenhäusern in Amsterdam des 17. Jahrhunderts sollen Arbeitsunwillige in Verliese gesperrt worden sein, in die Wasser einlief. Das steigende Wasser hätte innerhalb weniger Stunden zum Ertrinken geführt, hätten die Eingesperrten nicht mittels einer über Pedale getriebenen Pumpe das Wasser wieder abgepumpt. Vgl. Füllsack 2002: 25.

56 Vgl.: Foucault (1996: 76): „In diesen Institutionen mischen sich so – oft nicht ohne Konflikte – die alten Privilegien der Kirche in der Armenhilfe und den Bräuchen der Hospitalität und die bürgerliche Sorge, Ordnung in die Welt des Elends zu bringen; der Wunsch zu helfen und das Verlangen nach Repression; die Pflicht zur Nächstenliebe und der Wille zu strafen..." Vgl. dazu auch: Foucault 1994.

57 Vgl.: Topalov o.J.

58 Vgl.: Dietz 1997: 39.

59 Vgl. Dean 1992: 220f.

für die Knappheiten der Industriearbeit wurde so auch den nicht-arbeitenden Armen, den sogenannten *Pauper*[60], deren Arbeitskraft zwar aktuell nicht benötigt wurde, aber nun als verfügbar wahrgenommen werden konnte, eine Funktion zugeschrieben, nämlich die der „industriellen Reservearmee".

> „Der tiefste Niederschlag der relativen Übervölkerung endlich behaust die Sphäre des Pauperismus. Abgesehn von Vagabunden, Verbrechern, Prostituierten, kurz dem eigentlichen Lumpenproletariat, besteht diese Gesellschaftsschicht aus drei Kategorien. Erstens Arbeitsfähige. Man braucht die Statistik des englischen Pauperismus nur oberflächlich anzusehn, und man findet, daß seine Masse mit jeder Krise schwillt und mit jeder Wiederbelebung des Geschäfts abnimmt. Zweitens: Waisen- und Pauperkinder. Sie sind Kandidaten der industriellen Reservearmee und werden in Zeiten großen Aufschwungs, wie 1860 z.B., rasch und massenhaft in die aktive Arbeiterarmee einrolliert. Drittens: Verkommene, Verlumpte, Arbeitsunfähige. Es sind namentlich Individuen, die an ihrer durch die Teilung der Arbeit verursachte Unbeweglichkeit untergehen, solche, die über das Normalalter eines Arbeiters hinausleben, endlich die Opfer der Industrie, deren Zahl mit gefährlicher Maschinerie, Bergwerksbau, chemischen Fabriken etc. wächst. Verstümmelte, Verkrankte, Witwen etc. Der Pauperismus bildet das Invalidenhaus der aktiven Arbeiterarmee und das tote Gewicht der industriellen Reservearmee. Seine Produktion ist eingeschlossen in der Produktion der relativen Übervölkerung, seine Notwendigkeit in ihrer Notwendigkeit, mit ihr bildet er eine Existenzbedingung der kapitalistischen Produktion und Entwicklung des Reichtums. Er gehört zu den faux frais der kapitalistischen Produktion, die das Kapital jedoch großenteils von sich selbst ab auf die Schultern der Arbeiterklasse und der kleinen Mittelklasse zu wälzen weiß."[61]

VI.

Im vorstehenden Zitat vielleicht nur zwischen den Zeilen, grundsätzlich aber natürlich spätestens im Kontext des Marxschen Gesellschaftsentwurfs wurde nun allerdings auch den Vorstellungen einer ganz anderen Wirtschafts-, Arbeits- und Gesellschaftsordnung folgenreich der Boden bereitet – einer Ordnung, in der Knappheiten

60 Vgl.: Sassier 1990: 204.

61 Marx 1867/1968: 673. vgl. u.a. dazu auch: Tjaden-Steinhauer 1985: 12f.

prinzipiell als überwunden galten und in der Arbeit deswegen ihre differenzierende und „Klassenunterschiede" erzeugende Dynamik verlor.[62] Insbesondere in den sozialistischen Ländern Osteuropas ist eine solche Ordnung dann mit großer Tragweite und unter unzähligen Opfern zu verwirklichen versucht worden, nur um ihrerseits unvermeidbar erneut eine Vielzahl weiterer Knappheiten zu generieren.[63] Auch dem industriegesellschaftlichen Bild von Armut sind in diesem Zusammenhang Möglichkeiten erwachsen, sich folgenreich weiter zu differenzieren.

Zwar assoziiert auch heute noch ein nicht unbeträchtlicher Teil unserer Gesellschaft Arme und Unterschichtangehörige unumwunden mit Arbeitsunwilligkeit, mit selbstverschuldeter Arbeitsunfähigkeit oder einfach mit Faulheit.[64] Und auch die Sozialpolitik stellt nach wie vor in vielen ihrer Aspekte darauf ab, die als „arm" Wahrgenommenen mit Auflagen zu bedenken und zu Aktivitäten zu motivieren, von denen angenommen wird, dass sie „Hilfe zur Selbsthilfe" bei der Überwindung von Armut gewähren.[65] Gleichzeitig sind aber der Armut gerade in der Industriegesellschaft auch Bedingungen erwachsen, unter denen sie, wie auch die mit ihr assoziierte Faulheit, deutlich unter anderen Blickwinkeln als denen der je bestehenden Sozialordnung wahrgenommen werden kann.

Welch bedenkenswerte Umschreibung die Armut auf dieser Grundlage im Zuge des 19. und 20. Jahrhunderts erfuhr, lässt sich unter anderem an dem Umstand erahnen, dass, obwohl die darunter gefassten Probleme keineswegs verschwanden, die Bedingungen am unteren Ende der sozialen Skala in nicht wenigen ihrer Facetten

62 Vgl. dazu u.a. die Marxschen Überlegungen zu jener Gesellschaftsordnung, „wo Jeder nicht einen ausschließlichen Kreis der Tätigkeit hat, sondern sich in jedem beliebigen Zweige ausbilden kann, die Gesellschaft die allgemeine Produktion regelt und [es ihm] eben dadurch möglich [macht], heute dies, morgen jenes zu tun, morgens zu jagen, nachmittags zu fischen, abends Viehzucht zu treiben, nach dem Essen zu kritisieren, wie [er] gerade Lust [hat], ohne je Jäger, Fischer, Hirt oder Kritiker zu werden." Marx 1846/1968: 33.

63 Vgl. dazu u.a.: Füllsack 2007.

64 Vgl. dazu u.a. den Ausspruch aus dem Jahr 2001 des damaligen deutschen Bundeskanzlers Gerhard Schröder „Es gibt kein Recht auf Faulheit in unserer Gesellschaft" und die daran anschließende Diskussion, u.a. unter dem Titel „Pflicht zur Arbeit" in: Jungle World 16/2001.

65 Vgl. u.a.: Klinger / König 2006.

romantisiert wurden. Angefangen vielleicht mit den Dickens'schen Romanen *Hard Times* oder *Oliver Twist*, über die naturalistischen Schilderungen des „revolutionären Sturmvogels“ Maxim Gorki oder die Tramp-Episoden von Charles Chaplin bis hin zur Popularität der amerikanischen Blues-Musik, der Arbeitsbekleidung *Blue Jeans* oder neuerdings auch etwa der „Ghetto-Stile“ *Rap* oder *Hiphop*[66] hat sich in den Industriestaaten ein „Unterschichtenschick“ etablieren können, der deutlich zur Relativierung der bis zum 18. Jahrhundert eher starren Verortung von Armut im europäischen Weltbild beigetragen hat. Beeinflusst von dieser Umschreibung, mehr noch aber vielleicht von der mittlerweile unübersehbaren Erfahrung, dass moderne Knappheiten nicht nur „klassische“ Defizite wie etwa Nahrung, Schutz, Geld oder Produktionsmittel, sondern auch etwa saubere Umwelt, Informationen[67], gar Zeit[68] und vieles mehr umfassen können, und beeinflusst nicht zuletzt auch von der Erweiterung des europäischen Horizonts auf globale Bedingungen und die damit verbundene Gleichzeitigkeit „ungleichzeitiger“ ökonomischer und sozialer Entwicklungen[69], im Zuge deren sich die Welt in Erste und Dritte, in nördliche und südliche, in Migrationsherde und Migrationsziele geteilt hat, sieht sich auch die Sozialwissenschaft heute gefordert[70], ihr Bild von Armut nicht mehr als feststehendes, sondern vielmehr als beständig neu zu schreibendes zu konzeptionieren.[71] Armut wird damit, und gerade weil sich die

66 Die Zeitschrift Der Spiegel (49/2006, S. 102) berichtet von der Kampagne einer US-amerikanischen Billig-Sportschuh-Firma, die ihre Produkte mit Hilfe eines prominenten Basketballspielers explizit als Unterschichten-Gegenentwurf zu den mittlerweile überaus trendigen und damit hochpreisigen, aber natürlich selbst ihren Wert über „street credibility“ beziehenden Sportschuhen bekannter Großproduzenten vermarktet.

67 Vgl.: Lewandowski 1999.

68 Vgl.: Obrecht 2003.

69 Vgl. zur „gleichzeitigen Ungleichzeitigkeit“ ausführlicher: Füllsack 2006: 157.

70 Vgl. zur sozialwissenschaftlichen Erfassung von Armut, deren Anfänge in etwa auf das Ende des 18. Jahrhunderts datiert werden, u.a.: Sen 1981, Sassier 1990, Pinker 1992, Scott 1994, Groh-Samberg / Keller 2000, Häußermann / Kronauer / Siebel 2004, Paugam 2005.

71 Vgl. u.a. dazu auch Bauman (1998: 1): "The poor will always be with us, but what it means to be poor depends on the kind of 'us' they are 'with'." Auch die empirische Armutsforschung betont mittlerweile, wie problematisch eine starre Grenzziehung zwischen „arm“ und „nicht-arm“ ist. vgl. Klocke 2000: 313.

ihr zugrunde liegende Problematik verschärft, als „Zuschreibung“ erkennbar.[72]

Diese Entwicklung hat Tocqueville, wie erwähnt, in seinen Mémoires mit großem Weitblick antizipiert. Seine Überlegungen scheinen uns heute modern, weil sie die Relativität von Armut und ihre Veränderbarkeit in Rechnung stellen, weil sie erahnen, was heute nicht mehr anders gesehen werden kann, nämlich dass die Gesellschaft Armut auf unterschiedliche und wechselnde Art zuschreibt, um so mit ihrer fortschreitenden Differenzierung zurecht zu kommen.

Was Tocqueville freilich aus seiner Perspektive noch nicht sehen konnte, und damit kommen wir zum Kern seiner Überlegungen zurück, ist der Umstand, dass auch das Attribut „Faulheit“ nur eine Zuschreibung ist, die die Desintegrationsgefahr einer sich differenzierenden Gesellschaft mindern soll und gerade infolgedessen ihr Antlitz verändert.

Löcher hat das Tocquevillesche Bild von der „natürlichen Neigung zur Faulheit“, das übrigens auch im Marxschen Windschatten noch eifrig bedient wurde[73], schon etwa in den polemischen Darstellungen von Paul Lafargue erhalten, einem Schwiegersohn von Karl Marx, der einem 1848 in Frankreich als „Recht auf Arbeit“ proklamierten Gesetz zur zeitlichen Beschränkung von Fabrikarbeit, sarkastisch ein Recht auf Faulheit entgegengehalten hatte und, gestützt auf die Annahme, die zunehmende Automatisierung würde Arbeitskräfte freisetzen, die Faulheit sogar als Hoffnungsträger einer zukünftigen Gesellschaftsordnung angerufen hatte:

72 Vgl. dazu u.a. Milano 1992, für den die Begriffsvielfalt der aktuellen Armutsverortung – „absolute Armut“, „relative Armut“, „traditionelle Armut“, „neue Armut“, „anhaltende Armut“, „Armut unter Erwerbstätigen“, „Working Poor“, „extreme Armut“, „Armut im Sinne von Prekarität“ usw. – die Vielfalt der Wahrnehmungen von Wirklichkeit in der Moderne widerspiegelt.

73 Berühmt diesbezüglich etwa die Überlegungen von Lenin und Trotzki zur Faulheit des Proletariats, oder auch die Aufnahme des biblischen Prinzips „Nur wer arbeitet, soll auch essen“ in die Verfassung der Sowjetunion von 1918. Vgl. dazu Füllsack 2002: 7.

> „O Faulheit, erbarme Du Dich des unendlichen Elends! O Faulheit, Mutter der Künste und der edlen Tugenden, sei Du der Balsam für die Schmerzen der Menschheit!“[74]

Die diametral entgegengesetzte Auffassung von „Faulheit“ [75] in den beiden ein halbes Jahrhundert auseinander liegenden Texten von Tocqueville und Lafargue macht deutlich, welcher Vielfalt von Sichtweisen die europäische Gesellschaft zur Mitte des 19. Jahrhunderts bereits Raum gab und welche Heterogenität sie andererseits damit überbrücken musste. Während bei Tocqueville die Zuschreibung „faul“, über ihre angebliche Grundsätzlichkeit hinaus, mögliche Folgen des Sozialstaates markiert und damit einer individualistisch-liberalen und eher ökonomisch orientierten Sozialpolitik Wahrscheinlichkeit verleihen sollte, steht sie bei Lafargue deutlich als Metapher für eine gesellschaftliche Ordnung jenseits von Arbeit, die über Automatisierung und Umverteilung herzustellen wäre.

Das Lafarguesche Konzept einer „Faulheit für Alle“ war dabei selbst nur Folge jener Differenzierung sozialer Wahrnehmungen, die die Zuschreibung „faul“ allmählich problematisch werden ließ. Spätestens mit der Thematisierung von in ihrer Passivität versumpfenden Aristokraten und Oberschichtangehörigen, wie sie im Windschatten der Hegelschen Herr-Knecht-Dialektik in der zweiten Hälfte des 19. Jahrhunderts in der Literatur ihren Niederschlag fand – gedacht sei allen voran etwa an den Gontscharowschen Oblomow, der als an sich gebildeter und Idealen verpflichteter Oberschichtenangehöriger aufgrund seiner Standesgewohnheiten und Milieubedingungen der völligen Untätigkeit verfällt –, ist nach und nach deutlich geworden, dass die Unterschiede der in ein und derselben Gesellschaft nun als „produktiv“ wahrnehmbaren Aktivitäten Ausmaße anzunehmen begannen, die nicht mehr so leicht durch starre Zuschreibungen überbrückt werden konnten. Hatte die Faulheit zunächst, nicht zuletzt im Zuge des sozialistischen Aufbruchs, nur

74 Lafargue 1883/1992.

75 Ähnlich übrigens auch die Umpositionierung der „Faulheit“ vom Anfang des Arbeitsprozesses an dessen Ende, wie sie u.a. auch der Suprematist Kasimir Malevitsch in seinem Entwurf der sozialistischen Arbeit unternahm. Vgl.: Malevic 1921/1994.

einfach die Seiten gewechselt und war in Folge auch von den Sozialwissenschaften zunächst den immer erklärungsbedürftiger werdenden Aktivitäten der Oberschicht zugeschrieben worden, so haben einflussreiche Studien – gedacht sei etwa an Thorstein Veblens *Theory of the Leisure Class*[76] aus dem Jahr 1899 – alsbald den Boden bereitet, auf dem, zunächst durchaus noch im Anschluss an die Marxschen Vorgaben, die sozialwissenschaftliche Aufmerksamkeit allmählich umgestellt wurde – weg von der essenziellen Verortung des Phänomens selbst, hin zu den sozialen Bedingungen, die für solche Zuschreibungen verantwortlich waren. Spätestens mit dem Entstehen der Freizeit- und Tätigkeitsgesellschaft hat die Faulheit ihren eindeutigen Ort in einer spezifischen Schicht oder Klasse verloren. Indem unter anderem Robert A. Stebbins mit seinem Begriff „*serious leisure*" deutlich gemacht hat, daß das, was traditionell als „Müßiggang", als „unproduktive Freizeitbeschäftigung" oder als „Nichtstun" angesehen wurde, aus der Sicht derjenigen, die sich diesen Aktivitäten widmen, durchaus als „ernsthafte" und damit „sinnvolle" und „produktive" Beschäftigung wahrgenommen werden kann, wurde der Begriff als Kampf- und Exklusionsbegriff einer „Klassengesellschaft" dechiffrierbar, die eigentlich in dem Moment, da ihre Instrumente als solche erkennbar wurden, schon nicht mehr existierte. Spätestens als sich auch Anthropologie und Sozialwissenschaften so markanten kulturellen Wahrnehmungspartikularitäten zuwandten, wie etwa dem der im Eingedenken ihrer *Dreamtime* versunkenen, von weißen Australiern allerdings als „schlafend" und „nichtstuend" wahrgenommenen Aborigines[77], musste klar werden, dass „Faulheit" keine „natürliche Neigung" oder eine sonstige anthropologische Grundkonstante ist, sondern ebenso wie die Armut, ein soziales Konstrukt, eine in einer differenzierten Gesellschaft vorgenommene Zuschreibung, die dazu dient, dieser Gesellschaft auch mittels „exkludierender" Verortung ihrer Mitglieder Zusammenhalt zu gewähren.

76 Veblen 1899/1994.

77 Vgl.: Füllsack 2002a: 201f.

VII.

Der Schlussfolgerung von Toqueville, nach der staatliche Sozialhilfe die Armut befördert und verstärkt, weil eben der Mensch, wenn er eine Möglichkeit sieht seine Bedürfnisse ohne Arbeit zu stillen, dazu neigt, diese zu nutzen, kann damit also nur zugestimmt werden, wenn, wie bei Tocqueville, von einer unveränderlichen Vorstellung dessen, was als Arbeit gilt und was nicht, und einer ebenso konstanten Vorstellung davon, was als „faul" gilt und was nicht, ausgegangen wird. Da Tocqueville in seiner Denkschrift zumindest im Hinblick auf das Phänomen „Armut" deutlich macht, wie kontextabhängig und damit kontingent dieses zu seiner Zeit bereits gesehen werden konnte, legt er es selbst nahe, auch seine essenzialistische Vorstellung von Arbeit zu problematisieren. Spätestens unter den differenzierten, mittlerweile den gesamten Globus umspannenden Bedingungen einer „reflexiven Moderne"[78] lässt sich eine solche Vorstellung nicht mehr legitimieren. In dieser Moderne kann nun gesehen werden, dass, was immer als Arbeit oder Nicht-Arbeit, als „arbeitsam" oder „faul" zugeschrieben wird, eben nur aus einer spezifischen Perspektive, von einem spezifischen Standpunkt aus zugeschrieben wird[79] und von jedem der unzähligen anderen Standpunkte, die die Moderne bereithält, völlig anders, ja unter Umständen sogar diametral entgegengesetzt wahrgenommen werden kann.

Und es kann unter diesen Bedingungen auch gesehen werden, dass diese Bedingungen gerade als Folge solch „enggeführter" Zu-

78 Die, präziser vielleicht, auch als „polykontextural" beschrieben wurde. Vgl. dazu u.a.: Luhmann 1990: 666f, mit Bezug auf Gotthart Günther. Polykontextualität soll heißen, „dass die Gesellschaft zahlreiche binäre Codes und von ihnen abhängige Programme bildet und überdies Kontextbildungen mit sehr verschiedenen Unterscheidungen [...] anfängt. [...] Zuweilen spricht man, die wechselseitige Isolierung der Diskurse übertreibend, auch von ‚Postmoderne', während es in Wahrheit gerade um die in der modernen Gesellschaft sich durchsetzende Reflexion ihrer selbst geht."

79 Vgl. dazu grundsätzlich: Baecker 2002: 206: „Was Arbeit ‚ist', wissen wir immer erst, wenn wir sehen, welcher Beobachter sich ihr nähert. Wir müssen daher den Beobachter bestimmen, und können dies nur, weil wir uns als Beobachter ihm nähern, und können nur daraus auf die ‚Arbeit' schließen, die den Beobachter interessiert und die uns interessiert, wenn wir diesen Beobachter beobachten." Vgl. aber auch vorbereitend dazu schon etwa: Bardmann 1994.

schreibungen in Bewegung geraten. Es wird deutlich, dass jede wie immer aufwendig betriebene „Definition" einer sozialen Kategorie, wie heute allen voran die der „Erwerbsarbeit", oder eben auch die spezifischer, etwa an Geldwerten orientierter Bedürftigkeiten, unter den hochdynamisierten Bedingungen dieser Moderne von dem Umstand bedingt ist, nahezu in Echtzeit (und das heißt oftmals: noch bevor entsprechende Maßnahmen erlassen und exekutiert werden) bereits unvorhergesehene und unvorhersehbare neue Probleme zu generieren, für die erneut keine Lösung bereitsteht. Je genauer zum Beispiel in der Sozialpolitik die Kriterien festgesetzt werden, nach denen soziale Unterstützung gewährt wird, desto höher steigt die Wahrscheinlichkeit, dass an ihren Rändern jemand aus dem sozialen Netz fällt.[80] Und genau dieser Umstand verschiebt damit das Bild von Armut und Bedürftigkeit erneut ein Stück weiter.

Im Prinzip hat Tocqueville die Problematik, die diesem Umstand zugrunde liegt, in seinen Mémoires mit großem Weitblick erkannt. Er führt sie allerdings als Argument *gegen* staatliche Sozialhilfe ins Rennen, obwohl sie sich genauso gut als Argument *dafür* auffassen ließe. „Nichts", so schreibt er, „läßt sich so schwer bestimmen, wie die feine Unterscheidung zwischen einem unverdienten und einem durch eine lasterhafte Lebensführung hervorgerufenen Unglück".[81]

Tocqueville markiert damit eine Problematik, die sich heutiger Sozialpolitik unter dem Stichwort „Bedarfsorientierung" in nachhaltiger und kaum auszuräumender Weise stellt. Es mag zwar mit viel Akribie und sozialwissenschaftlichem und juridischem Aufwand festgeschrieben werden, was „Armut" und „Bedürftigkeit" heißt, was „Faulheit" und „Selbstverschulden" der eigenen Lage bedeutet. Aber wo, so fragt er, „ist denn der Beamte, der die Gewissenhaftigkeit, die Zeit, das Talent und die Mittel zu einer solchen

80 Vgl. dazu u.a.: Füllsack 2006: 318f. Und allgemein u.a. Luhmann (1984: 391), der schreibt: „[...] man wird, nicht ohne Schadenfreude, gerade an sicherheitsfanatischen Strukturbildungen wie Bürokratien und Rechtsordnungen feststellen können, wie mit der Zunahme der Bürokratisierung und der Verrechtlichung sich auch die Unsicherheit multipliziert."

81 Im vorliegenden Band S. 26.

Untersuchung besäße?“ Wer kann denn unter Bedingungen, unter denen sich die Bedürftigkeiten, gerade indem sie administriert werden, vervielfachen, diese Kategorien noch zuverlässig administrieren? Und welche Gesellschaft kann sich den Aufwand dafür noch leisten?

Tocqueville legt hellsichtig seinen Finger auf die grundsätzlich epistemologische, auf realpolitischer Ebene aber eben vor allem administrative Problematik, dass in einer differenzierten Gesellschaft, in der mit den Arbeits- und Produktionsweisen auch die Bedürfnisse und Lebensentwürfe dynamisch und vielfältig werden, nicht mehr (wenn dies jemals der Fall war) unterschieden werden kann, welcher Bedarf gerechtfertigt und welcher nur vorgetäuscht, welches Unglück selbst- und welches fremdverschuldet ist, welche Not sich auf „lasterhafte Lebensführung“ und welche sich auf simplen Zufall, auf unvorhersehbare Schicksalsschläge zurückführt. Er markiert, anders gesagt, deutlich die Problematik, Selbstverantwortung unter individuell nicht kalkulierbaren Bedingungen zu fordern.

Allerdings zieht er daraus andere Schlüsse als sich aus heutiger Sicht dazu nahe legen. Er sieht in der Schwierigkeit, noch genau festzustellen, wer wirklich bedürftig ist und wer nicht, welche Not selbst- und welche fremdverschuldet ist, die Konsequenz angelegt, dass dies in der Praxis dann auch nicht mehr getan wird. Auch wenn das Gesetz eine solche Unterscheidung vorsieht und der Staat Beamte – er spricht von „Armenaufsehern“ – zu ihrer Handhabung abstellt, zwingt die Praxis der bürokratisierten Sozialhilfe, so fürchtet er, doch zum Gießkannenprinzip. „Auch wenn in den Gesetzen erklärt wurde, daß nur der unschuldigen Armut Unterstützung zu gewähren sei: In der Praxis wird jede Not unterstützt“[82] und der Bedürftige damit daran gewöhnt, dass nicht er selbst, sondern der Staat sein Schicksal verwaltet. Insbesondere die „industrielle Klasse“, die Proletarier würden sich „mit Wollust allen Ausschweifungen und Zügellosigkeiten hingeben und [...] so leben, als gäbe es kein morgen“, weil sie, anders als die Bauern,

82 Im vorliegenden Band S. 27.

auf Erden nichts weiter besitzen als die Kraft ihrer Arme, weil sie keinen Besitz und damit keine Sorgepflicht tragen.[83]

Seine Lösung sieht vor, den Arbeitern mit Hilfe von Sparkassen Eigenverantwortung zu geben und ihnen so Möglichkeiten zu schaffen, in Jahren der Prosperität Kapital anzusparen, das ihnen in Notzeiten hilft, die „Unwägbarkeiten des Schicksals" selbst zu bewältigen, und das sie darüber hinaus auch zu selbstverantwortlichen Eigentümern macht. Ähnliches wird heute durch Einrichtung alternativer Geld-Institute zur Vergabe von Mikro-Krediten und Kleinstdarlehen in Dritte-Welt-Ländern versucht.[84]

Unzweifelhaft zeigen diese Maßnahmen zumindest in Industrieländern bislang weitreichende Wirkung. In Europa haben sie, zusammen mit zahlreichen anderen Unternehmungen zur Inklusion der bis dahin Exkludierten, die wie Sozial- und Rentenversicherungen, Gewerkschaften, Tariflöhne, Arbeitschutzbestimmungen u.s.w. einst im sozialistischen Osten als „Versozialdemokratisierung des Proletariats" skeptisch beäugt wurden, der Industriegesellschaft ein über weite Strecken äußerst produktives Weiterarbeiten ermöglicht – ein Weiterarbeiten freilich, im Zuge dessen sie sich in relativ kurzer Zeit, wie wir wissen, zur „Konsum-" und „Dienstleistungsgesellschaft", zur „Informations-" und „Wissensgesellschaft", zur „Tätigkeits-" und „Freizeitgesellschaft" weiterentwickelt hat. Den Mitgliedern dieser Gesellschaft mangelt es heute nicht mehr an Selbstverantwortlichkeit und Initiative. Diese wird in den neuen Formen der „prekarisierten" Teilzeit-, Projekt-, oder Werkvertrag-Beschäftigungen geradezu vorausgesetzt.[85] Woran es nun mangelt, scheint eher *Spielraum* zu sein – ein Spielraum, der zum einen die beständige Verschiebung von Arbeits- und Knappheitswahrnehmungen nicht jedes Mal gleich an der nächsten Wand zu eng gefasster Kategorien auflaufen lässt; und der zum anderen

83 Vgl. dazu die zu Tocquevilles Zeiten durchaus gängige Unterscheidung zwischen laboureurs (Eigentümern) und ouvriers (Nicht-Eigentümern) u.a. auch bei: Turgot 1766/1914.

84 Vgl. dazu etwa das Projekt der von Muhammad Yunus initiierten Grameen-Bank in Bangladesch, für das er mittlerweile den alternativen Nobelpreis erhalten hat. Grundsätzlich dazu: Armendáriz de Aghion / Morduch 2005.

85 Vgl. dazu ausführlicher u.a.: Füllsack 2007a.

jene Sicherheiten gewährt, die sich die klassische Erwerbsarbeit im Zuge ihrer prosperierenden Phase nach dem Zweiten Weltkrieg erkämpfen hat können, aber nun in der Globalisierung und der damit einhergehenden Flexibilisierung und Deregulierung von Beschäftigungsverhältnissen rapide verliert.

Unter diesen Bedingungen scheint der Umstand, dass, wie dies Tocqueville sieht, „in der Praxis jede Not unterstützt wird", weil der administrative Aufwand zu groß wird, um selbstverschuldete von fremdverschuldeter Armut zu unterscheiden, nicht das Problem zu sein, sondern vielmehr eine Lösung anzudeuten. In unseren Tagen scheint angesichts der Vielfalt an völlig unterschiedlichen und sich beständig verschiebenden Bedürftigkeiten, angesichts des überaus vielschichtigen Bildes von Armut, das sich nicht fixieren lässt ohne damit sofort wieder neue Armut zu generieren, einiges dafür zu sprechen, die Unwägbarkeiten einer in ihrer Heterogenität kaum noch längerfristig kalkulier- und planbaren Arbeits- und Wirtschaftswelt durch sozialpolitische Rahmenbedingungen zu sichern, die eben nicht auf punktgenaue Definitionen abstellen, sondern in ihrer *Universalität* breit genug ansetzen, um die Vielfalt der anstehenden und sich beständig verschiebenden Problemlösungstätigkeiten moderner Gesellschaften zu tragen ohne sie in übermäßigem Verwaltungsaufwand zu ersticken. Die der Moderne angemessene Form der Armutsprävention und -bekämpfung, die sich abzeichnet, weil Tocqueville und andere unser Problembewusstsein dafür geschärft haben, könnte darin bestehen, Kategorien wie „Arbeit" aber auch „Armut" Spielraum zu geben – einen Spielraum, in dem (und nur in dem) ganz bewusst darauf verzichtet wird, noch festzustellen, was denn unter den gegebenen Bedingungen jeweils gerade als „arm", als „bedürftig", oder auch als „arbeitsam" oder „faul" anzusehen ist, einen Spielraum also, wie er durch die partielle Entkoppelung von Einkommen und Arbeit bereit gestellt würde, wie sie seit einigen Jahren in der Debatte um ein bedingungsloses, garantiertes Grundeinkommen vorgeschlagen wird.[86]

86 Vgl. dazu u.a.: Füllsack 2002a, 2006a, Vobruba 2006.

Literatur:

Armendáriz de Aghion, Beatriz / Morduch, Jonathan (2005): The Economics of Microfinance. Cambridge (MIT Press).

Baecker, Dirk (2002): Die gesellschaftliche Form der Arbeit; in: ders. (Hrsg), Archäologie der Arbeit. Berlin, S. 203-245.

Balzer, Harley D. (Ed.) (1996): Russia's Missing Middle Class: The Professions in Russian History. New York (Armonk).

Bardmann, Theodor M. (1994): Wenn aus Arbeit Abfall wird. Aufbau und Abbau organisatorischer Realitäten. Frankfurt/M.

Bauman, Zygmunt (1998): Work, Consumerism and the New Poor, Buckingham, Philadelphia.

Berger, Peter L. / Luckmann, Thomas (1980): Die gesellschaftliche Konstruktion der Wirklichkeit, Eine Theorie der Wissenssoziologie. Frankfurt/M.

Bienvenu, Jean-Marc (1974): Fondations charitables laïques au XIIe siècle: l'exemple de l'Anjou; in: Mollat, Michel (ed.): Etudes sur l'histoire de la pauvreté (Moyen Age - XVIe siècle), Paris, S. 563-569.

Braudel, Fernand (1985): Sozialgeschichte des 15.-18. Jahrhunderts. Der Alltag. München.

Dean, Mitchell (1992): A Genealogy of the Government of Poverty, in: Economy & Society 21 (3), S. 215-251.

Dietz, Berthold (1997): Soziologie der Armut, Frankfurt am Main/New York.

Drolet, Michael (2003): Tocqueville, Democracy and Social Reform. Basingstoke.

Esping-Andersen, Gosta (1990): Three Worlds of Welfare Capitalism. Cambridge (Polity Press)

Fischer, Wolfram (1982): Armut in der Geschichte. Erscheinungsformen und Lösungsversuche der „Sozialen Frage" in Europa seit dem Mittelalter. Göttingen.

Foucault, Michel (1994): Überwachen und Strafen. Die Geburt des Gefängnisses. Frankfurt/M.

Foucault, M. (1996): Wahnsinn und Gesellschaft. Eine Geschichte des Wahns im Zeitalter der Vernunft, 12. Aufl., Frankfurt/M.

Füllsack, Manfred (2002a): Leben ohne zu arbeiten? Zur Sozialtheorie des Grundeinkommens. Berlin (AVINUS).

Füllsack, M. (2002b): Von der Erwerbsgesellschaft zur „philosophischen Gesellschaft", Wien (WUV-Verlag).

Füllsack, M. (Hrsg.) (2006a): Globale soziale Sicherheit. Grundeinkommen – weltweit?. Berlin (AVINUS).

Füllsack, M. (2006): Zuviel Wissen? Zur Wertschätzung von Arbeit und Wissen in der Moderne. Berlin (AVINUS).

Füllsack, M. (2007a): Individualisierte Knappheit? Überlegungen zur Prekarisierung produktiver Arbeit; in: Jahrbuch für Arbeit und Menschenwürde 7/2006, S. 93-105.

Füllsack, M. (2007b): Die Unproduktivität „produktiver Arbeit“. Aspekte aus der Geschichte der Arbeit in Russland und der Sowjetunion. (im Erscheinen)

Galbraith, John Kenneth (1979): The Nature of Mass Poverty. Harmondsworth.

Geiss, Immanuel (1972): Tocqueville und das Zeitalter der Revolutionen. München.

Geremek, Bronislaw (1997): Poverty. A History, Oxford/Cambridge (MA).

Groh-Samberg, Olaf / Keller, Carsten (2000): Armut – Arbeit – Ungleichheit. Zur sozialen Konstruktion von Armut und ihren Verkennungen, in: Claudia Rademacher & Peter Wiechens (Hg): Verstehen und Kritik. Soziologische Suchbewegungen nach dem Ende der Gewissheiten. Festschrift für Rolf Eickelpasch, Wiesbaden 2000 (Westdeutscher Verlag), S. 299-322.

Gilliand, Pierre (Hrsg.) (1990): Pauvretés et sécurité sociale, Réalités sociales, Lausanne.

Häußermann, Hartmut / Kronauer, Martin / Siebel, Walter (Hrsg.) (2004): An den Rändern der Städte. Armut und Ausgrenzung. Frankfurt/M.

Katz, Michael (1989): The Undeserving Poor. New York.

Klinger, Nadja / König, Jens (2006): Einfach abgehängt. Ein wahrer Bericht über die neue Armut in Deutschland. Berlin.

Klocke, Andreas (2000): Methoden der Armutsmessung Einkommens-, Unterversorgungs-, Deprivations- und Sozialhilfekonzept im Vergleich; in: Zeitschrift für Soziologie 29 (4), S. 313-329.

Krämer, Walter (1997): Statistische Probleme bei der Armutsmessung: Gutachten im Auftrag des Bundesministeriums für Gesundheit. Baden-Baden.

Kronauer, Martin (1998): Armut, Ausgrenzung, Unterklasse, in: Häußermann, Hartmut (Hrsg.): Großstadt: soziologische Stichworte, Opladen, S. 13-27.

Kukla, Andre, (2000): Social Constructivism and the Philosophy of Science. London/New York (Routledge).

Lafargue, Paul (1883/1992): Das Recht auf Faulheit und andere Satiren. (Edition Sonne und Faulheit)

Lewandowski, Dirk (1999): Informationsarmut: sowohl ein quantitatives als auch ein qualitatives Problem; in: Bibliothek Forschung und Praxis 23(1), S. 5-13.

Luhmann, Niklas (1984): Soziale Systeme. Grundriß einer allgemeinen Theorie. Frankfurt/M.

Luhmann, N. (1988): Die Wirtschaft der Gesellschaft. Frankfurt/M.

Luhmann, N. (1990): Die Wissenschaft der Gesellschaft. Frankfurt/M.

Luhmann, N. (1995): Soziologische Aufklärung 6. Opladen.
Malevic, Kazimir (1921/1994): Len' kak dejstvitel'naja istina chelovechestva (Faulheit als tatsächliche Wahrheit der Menschheit) Hrsg. und eingeleitet von A.S. Shtatskich. Moskva.
Marshall, Thomas H. (1992): Bürgerrechte und soziale Klassen. Zur Soziologie des Wohlfahrtsstaats, Frankfurt/M.
Marx, Karl (1846/1968) Die Deutsche Ideologie; in: MEW Bd. 3, Berlin (Ost)
Marx, K. (1867/1968): Das Kapital; in: MEW, Bde. 23-25, Berlin (Ost).
Milano, Serge (1992): La pauvreté dans les pays riches. Du constat à l'analyse, Nathan, Paris.
Mollat, Michel (1984): Die Armen im Mittelalter. München.
Morus, Thomas (1516/1976): Utopia. Leipzig.
Nisbet, Robert (1971): The Study of Social Problems, in: Merton, Robert K. / Nisbet, Robert (eds.): Contemporary Social Problems, 3rd ed., New York u. a., S. 1-25.
Obrecht, Andreas J. (2003): Zeitreichtum – Zeitarmut. Von der Ordnung der Sterblichkeit zum Mythos der Machbarkeit. Frankfurt /M. (Brandes und Apsel)
Oexle, Otto Gerhard (2000): Arbeit, Armut, 'Stand' im Mittelalter; in: Kocka, Jürgen / Offe, Claus, (Hrsg.) (2000), Geschichte und Zukunft der Arbeit, Frankfurt / New York (Campus), S. 67-79.
Paugam, Serge (2005): Les formes élémentaires de la pauvreté. Paris (PUF)
Pinker, Robert (1992): Armut, Sozialpolitik, Soziologie. Der englische Weg von der industriellen Revolution zum modernen Wohlfahrtsstaat (1830 bis 1950), in: Stephan Leibfried / Wolfgang Voges (Hrsg.): Armut im modernen Wohlfahrtsstaat, Sonderheft 32 der KZfSS, Opladen, S. 124-147.
Polanyi, Karl (1944): The Great Transformation, Rinehart, New York 1944.
Andreas Gestrich, Lutz Raphael, Inklusion/Exklusion. Studien zu Fremdheit und Armut von der Antike bis zur Gegenwart. Frankfurt a.M. u.a 2004.
Hunecke, Volker (1983): Überlegungen zur Geschichte der Armut im vorindustriellen Europa, in: Geschichte und Gesellschaft 9/1983, S. 480.
Sassier, Philippe (1990): Du bon usage des pauvres. Histoire d'un thème politique (XVIe - XXe siècle), Paris.
Schäfer, Wolfgang (2002) Opfer Sozialstaat. Gemeinsame Ursachen und Hintergründe von Steuerhinterziehung, Schwarzarbeit und Leistungsmissbrauch. Opladen.
Schelsky, Helmut (1953/1965): Die Bedeutung des Schichtungsbegriffs für die Analyse der gegenwärtigen deutschen Gesellschaft; in: ders.:

auf der Suche nach Wirklichkeit. Gesammelte Aufsätze. Düsseldorf/Köln, S. 331-336.
Scott, John (1994): Poverty and Wealth. Citizenship, Deprivation and Privilege. London.
Sen, Amartya (1981): Poverty and Famines. An Essay on Entitlement and Deprivation, Oxford/New York.
Simmel, Georg (1908/1982): Soziologie. Untersuchungen über die Formen der Vergesellschaftung, Frankfurt/M.
Simmel, Georg (1908/1993): Aufsätze und Abhandlungen 1901-1908, Band II, Frankfurt am Main.
Stichweh, Rudolf (2001): Fremde im Europa der frühen Neuzeit, in: Cornelia Bohn / Herbert Willems (Hrsg.): Sinngeneratoren. Fremd- und Selbstthematisierung in soziologisch-historischer Perspektive, Konstanz, S. 17-33.
Titmuss, R.M. (1963): Essays on the Welfare State. London (Allen and Unwin).
Tjaden-Steinhauer, Margarete (1985): Die verwaltete Armut. Hamburg.
Tocqueville, Alexis de (1987): Über die Demokratie in Amerika. 2 Bände (1835/1840) (übers. v. Hans Zbinden). Zürich (Manesse Bibliothek der Weltgeschichte).
Tocqueville, Alexis de (1856/1978): Der alte Staat und die Revolution (hrsg. v. Jacob Peter Mayer, übers. v. Theodor Oelckers) München (dtv).
Topalov, Christian (o.J.): The Invention of Unemployment. Language, Classification and Social Reform 1880-1910; in: Anne-Marie Guillemard u.a. (Hg.): Comparing Social Welfare Systems in Europe. Vol. 1, Oxford (Conference MIRE)
Treiber, Hubert / Steinert, Heinz (1980): Die Fabrikation des zuverlässigen Menschen. Über die „Wahlverwandtschaft“ von Kloster- und Fabriksdispziplin. München.
Turgot, Anne-Robert-Jaques (1766/1914): Réflexions sur la formation et la distribution de richesses; zit. nach Ouvres de Turgot (ed. Gustave Schelle) Bd. 2, Paris 1914, S. 533-601.
Udy, Stanley H. (1959): Organization of Work: A Comperative Analysis of Production among Nonindustrial People. New Haven (Hraf Pr.)
Veblen, Thorstein B. (1899/1994): The *Theory of the Leisure Class*: An Economic Study in the Evolution of Institutions. New York.
Vobruba, Georg (2006): Entkoppelung von Arbeit und Einkommen. Das Grundeinkommen in der Arbeitsgesellschaft. Wiesbaden.
Wilson, William Julius (1987): The Truly Disadvantaged. The Inner City, the Underclass, and Public Policy, Chicago/London.
Wogawa, Diane (2000): Missbrauch im Sozialstaat. Eine Analyse des Missbrauchsarguments im politischen Diskurs, Wiesbaden.